中國學術思想 研究輯刊

二十編

林 慶 彰 主編

第 18 冊

康有爲「董氏學」著述之研究

曲 洪 波 著

花木蘭文化出版社

國家圖書館出版品預行編目資料

康有為「董氏學」著述之研究／曲洪波 著 -- 初版 -- 新北市：
花木蘭文化出版社，2015〔民104〕
目 2+154 面；19×26 公分
（中國學術思想研究輯刊 二十編；第18冊）
ISBN 978-986-404-007-0（精裝）
1.（漢）董仲舒 2.春秋繁露 3.研究考訂
030.8   103026878

中國學術思想研究輯刊
二十編　第十八冊　　　　　　ISBN：978-986-404-007-0

康有爲「董氏學」著述之研究

作　　　者　曲洪波
主　　　編　林慶彰
總 編 輯　杜潔祥
副總編輯　楊嘉樂
編　　　輯　許郁翎
出　　　版　花木蘭文化出版社
社　　　長　高小娟
聯絡地址　235 新北市中和區中安街七二號十三樓
　　　　　　電話：02-2923-1455／傳眞：02-2923-1452
網　　　址　http://www.huamulan.tw 信箱 hml810518@gmail.com
印　　　刷　普羅文化出版廣告事業
封面設計　劉開工作室
初　　　版　2015 年 3 月
定　　　價　二十編 21 冊（精裝）台幣 38,000 元　　　版權所有‧請勿翻印

康有爲「董氏學」著述之研究

曲洪波　著

作者簡介

曲洪波（1978～），遼寧撫順人，瀋陽航空航天大學人文社科部副教授，副主任，碩士研究生導師。歷史學博士，畢業於北京師範大學歷史學院，中國近現代史專業。從事中國近代學術史研究。曾主持遼寧省社科基金項目、遼寧省教育廳人文社科一般項目等科研項目多項，在中文核心期刊發表學術論文十餘篇。

提　要

　　董仲舒學說是漢代學術的重要組成部分，在晚清今文經學復興過程中，學者對於「董氏學」的研究是晚清學術發展的重要內容。以當時學者的「董氏學」研究爲視角，可以從「學術理路」上考察晚清今文經學興起的原因、過程和影響。清中期常州學派在今文經學復興的大背景下，開始注重對「董氏學」的研究，並經歷了從注重對《春秋繁露》整理、注釋到關注義理闡述的過程。他們肯定董仲舒的歷史地位和學術成就，並對「董氏學」的重要概念和命題進行了解釋。他們的「董氏學」研究接續了漢代今文經學，但創見有限，這種研究多從學理角度而較少政治思想的闡發。常州學派的後續龔自珍和魏源也關注「董氏學」，並將其和社會變革思想結合起來。這些研究對於康有爲的「董氏學」研究有重要的影響。

　　康有爲的「董氏學」研究在晚清時期最爲著名。他在轉向今文經學後就開始關注「董氏學」，其戊戌前的講學活動中有大量關於「董氏學」的內容和評價，這與《春秋董氏學》的成書有著密切關係。在《孔子改制考》中他運用「董氏學」來論述了孔子「託古改制」和「創教」的可信性。《春秋董氏學》是康有爲「董氏學」研究中最主要的著作，通過對《春秋繁露》有關內容的摘錄和重新編排，並加以「按語」，對《春秋繁露》的主旨、事例、禮義、口說及書中董仲舒所述孔子的「微言大義」進行了詳細分析，並對「董氏學」有關的史料進行了整理。《春秋董氏學》是一部專經研究著作，體現了特殊的經學解釋和分析方法。《春秋董氏學》的編輯出版，使其與《新學僞經考》、《孔子改制考》共同構成了康有爲較爲完整的今文經學理論體系。以「董氏學」作爲溝通他和孔子之道的重要途徑，以董仲舒之言來表達自己的觀點和主張，因此該書實爲容孔子、董仲舒和康有爲思想於一體的經學著作。這部著作的完成，即標誌著戊戌前康有爲構建今文經學理論體系的完成，也是康有爲「董氏學」研究走向成熟的標誌。

　　晚清學者圍繞康有爲的「董氏學」研究存在著分歧，這種分歧既有學術原因，也有政治原因。保守派對於康有爲「董氏學」的非難，更多的是由於政治立場的差異。蘇輿的《春秋繁露義證》是當時關於「董氏學」的又一部重要著作，在很大程度上具有針對《春秋董氏學》而作的意圖，反映出了二者不同的政治取向和學術分歧。劉師培也很重視對於「董氏學」的研究，與康有爲的「董氏學」相比，二者對「董氏學」許多重要命題的認識上存在著差異。

　　康有爲的「董氏學」在晚清今文經學復興中起到了重要的作用，由於特定的時代背景，使得康有爲的「董氏學」呈現出致用性、融彙性等特徵，對於晚清時期的學術風氣具有重要的影響。

緒　論 ……………………………………………………… 1
　一、選題緣起與意義 ……………………………………… 1
　二、研究狀況 ……………………………………………… 5
　三、研究對象的界定、研究思路 ……………………… 11
　　（一）研究對象的界定 ……………………………… 11
　　（二）研究思路 ……………………………………… 12
第一章　「董氏學」概述及清代常州學派的
　　　　「董氏學」研究 ………………………………… 15
　第一節　「董氏學」概述 ……………………………… 15
　　一、董仲舒的生平 …………………………………… 15
　　二、董仲舒學術思想的特點及其影響 ……………… 18
　　三、董仲舒的主要著述及其後世流傳情況 ………… 21
　第二節　清代常州學派的「董氏學」研究 ………… 25
　　一、考據與義理
　　　　——「董氏學」重回學人視野的方式 ………… 27
　　二、「董氏學」復興的「學術理路」分析 ………… 29
　　三、常州學派「董氏學」研究的特點 ……………… 38
　　四、常州學派「董氏學」研究對龔自珍、魏源
　　　　的啓示 …………………………………………… 43
　第三節　常州學派的後續
　　　　——龔自珍、魏源的「董氏學」研究 ………… 45
　　一、龔自珍的「董氏學」研究 ……………………… 46
　　二、魏源的「董氏學」研究 ………………………… 49
第二章　戊戌前康有爲的「董氏學」研究 ………… 55
　第一節　康有爲的「董氏學」研究是其學術轉向的
　　　　結果 ………………………………………………… 55
　第二節　康有爲戊戌前講學與其「董氏學」研究 … 58
　　一、《桂學答問》與康有爲「董氏學」研究的
　　　　關係 ………………………………………………… 60
　　二、「董氏學」與康有爲的講學內容 …………… 63
　第三節　「董氏學」與《孔子改制考》相關內容的
　　　　關係分析 ………………………………………… 72
　　一、「董氏學」對《孔子改制考》撰寫的影響 · 72
　　二、「董氏學」與塑造孔子爲「新王」………… 73
　　三、借助「董氏學」，闡述「孔教」思想 ……… 77
　　四、以「董氏學」論述孔子的「託古」思想 … 79

目次

第三章 《春秋董氏學》的學理分析 …………………… 83
第一節 《春秋董氏學》的基本內容 ……………… 85
一、對《春秋繁露》「主旨、事例、禮義、
口說」之意的分析 ……………………… 86
二、對《春秋繁露》所含「改制思想」和
「微言大義」的解說 …………………… 90
三、確立董仲舒在儒學「道統」中的地位 …… 92
第二節 《春秋董氏學》的經學解釋和分析方法 …… 95
第三節 《春秋董氏學》對董仲舒哲學和倫理思想
的闡述 ……………………………………… 102
一、對董仲舒哲學思想的闡述 …………… 102
二、對董仲舒倫理思想的解說 …………… 104
第四節 《春秋董氏學》中「按語」寫作的分析 … 107
一、「按語」的主要功能 ………………… 108
二、「按語」體現的基本思想 …………… 112
第四章 晚清學者關於「董氏學」研究的不同
觀點分析 ………………………………… 119
第一節 《翼教叢編》對於康有爲「董氏學」的
非難 ……………………………………… 119
一、關於「董氏學」中「性理」之學的爭論 · 120
二、對「孔子改制」的批駁 ……………… 123
第二節 《春秋董氏學》與《春秋繁露義證》之
比較 ……………………………………… 124
一、關於「三世說」的分歧 ……………… 126
二、對「董氏學」和孔子改制關係的分歧 … 127
三、關於「口說」的可信性 ……………… 129
四、對「董氏學」中陰陽思想的不同解釋 … 130
第三節 劉師培與康有爲「董氏學」研究之比較 132
一、關於董氏「微言大義」的歷史作用 …… 132
二、對「董氏學」中「君」、「民」關係的看法
………………………………………… 134
三、關於「夷夏之辨」、「種族之分」的分歧 · 137
結 語 ……………………………………………… 143
主要參考文獻 ……………………………………… 147
後 記 ……………………………………………… 153

緒　論

一、選題緣起與意義

　　董仲舒是西漢著名的思想家、政治家，他一生活躍於政壇和學術領域，既有「下帷講誦」的經歷，也曾參與漢武帝的「賢良對策」，並「兩爲諸侯王相」。時人對他的政治活動與學術成就均有高度評價：「董仲舒有王佐之材，雖伊呂亡以加，管晏之屬，伯者之佐，殆不及也」，「仲舒遭漢承秦滅學之後，《六經》離析，下帷發憤，潛心大業，令後學者有所統一，爲群儒首。」〔註 1〕但綜其一生，董仲舒最大的成就不在於政治實踐，而在於他的思想對當時和後世的影響。

　　董仲舒是西漢今文經學大師，《春秋繁露》是其主要代表作，他的今文經學理論和政治哲學構成了漢代學術思想和政治思想的核心內容。今文經學在東漢以後走向衰落，董仲舒的學說也淡出學術史和思想史的視野，《春秋繁露》在清中期以前並不被人們所重視。清代中葉，傳統社會走向全面衰落，思想與學術領域也發生重大變化，人們力圖從傳統學術中求變，以應對社會危機。其突出的表現就是力圖重新解釋儒家學說，於其中發現可資利用的思想資源。嘉道年間的學術發展於此有一系列的表現：考據學走向衰落，漢宋之學逐漸融合，經世思潮的興起，今文經學的復興。清代學術的發展過程，其形式上看似「復古」，實際上卻是學者們不斷挖掘傳統學術資源，以達到契合時代發展要求，應對社會變革的目的。這樣，我們就可以理解，爲什麼晚清學

〔註 1〕 班固：《漢書‧董仲舒傳》，北京：中華書局，1962 年，第 2526 頁。

者大多對於清代學術的演變有著「漸次復古」的看法。〔註2〕今文經學在清代中期復興，在近代社會轉型的過程中，於政治、思想、學術上都扮演了重要的角色。因此，探討中國近代的政治和學術轉型，離不開對晚清今文經學的研究。

　　對於今文經學在清中期重新崛起的原因，以往的研究多從社會政治危機這一角度來解釋，近年來也開始重視從學術史的角度，特別是學術發展的互動關係來論述，如考據學的衰落、漢宋融合、經世思潮的興起對今文經學復興的影響。對於今文經學如何從「學術理路」上實現復興，則探討不多。東漢以後，今文經學衰落，至清中葉的一千多年裏，幾乎沒有出現著名的今文經學家和著作，清代中葉以後，在外部環境的作用下，今文經學還必須依靠自身學術理路的恢復和創新，才能夠實現本身的復興。今文經學最主要的經典是《春秋公羊傳》，清中葉以後今文經學的復興也體現在「公羊學」研究的興起。漢代「公羊學」的代表性著作是董仲舒的《春秋繁露》和何休的《春秋公羊解詁》。清代中後期今文經學復興，也表現為對這兩部著作的重視和重新解讀。《春秋公羊解詁》著於今文經學已走向衰落的東漢末年，其貢獻主要在於從學術上對今文經學理論的完善和總結，其影響多在於學術層面。「董仲

〔註2〕 皮錫瑞在《經學歷史》中認為：「國朝經學凡三變。國初，漢學方萌芽，皆以宋學為根底，不分門戶，各取所長，是為漢、宋兼采之學。乾隆以後，許、鄭之學大明，治宋學者已鮮。說經皆主實證，不空談義理，是為專門漢學。嘉、道以後，又由許、鄭之學導源而上，《易》宗虞氏以求孟義，《書》宗伏生、歐陽、夏侯，《詩》宗魯、齊、韓三家，《春秋》宗公、穀二傳。漢十四博士今文說，自魏、晉淪亡千餘年，至今日而復明。實能述伏、董之遺文，尋武、宣之絕軌，是為西漢今文之學。」（皮錫瑞：《經學歷史》，北京：中華書局1959年，第341頁。）魏源在《兩漢經師今古文家法考敘》一文中有過類似的論斷：「西京微言大義之學，墜於東京；東京典章制度之學，絕於隋、唐，兩漢故訓聲音之學，熄於魏、晉，其道果孰隆替哉……今日復古之要，由詁訓、聲音以進於東京典章制度，以齊一變至於魯也；由典章、制度以進於西漢微言大義，貫經術、故事、文章於一，此魯一變至道也。」（《魏源集》，北京：中華書局1983年，第152頁）。梁啟超在《清代學術概論》中也指出「綜觀二百餘年之學史，其影響及於全思想家者，一言蔽之，曰『以復古為解放』。第一步，復宋之古，對於王學而得解放。第二步，復漢唐之古，對於程朱而得解放。第三步，復西漢之古，對於許鄭而得解放。第四步，復先秦之古，對於一切專注而得解放。」（《梁啟超：《梁啟超論清史學二種》上海：復旦大學出版社，1985年，第6頁）。葉德輝亦言「有漢學之攘宋，必有西漢之攘東漢。吾恐異日必更有以戰國諸子之學攘西漢者矣」（葉德輝：《郋園書箚‧與戴宣翹書》長沙中國古書刊印社，1935年《郋園全書》彙印本，第20頁）。

舒學說」則產生在西漢國力最爲強盛，今文經學最爲顯赫之時，其學說被當時的最高統治者所採納，對於政治和學術都有重大影響。

　　清代中期常州學派崛起，莊存與、孔廣森、劉逢祿、宋翔鳳等學者更多的從學理層面來復興今文經學，與現實政治的聯繫有限。他們對於今文經學的研究，比較注重何休及其《春秋公羊解詁》，同時，也開始關注董仲舒及其《春秋繁露》。鴉片戰爭前後，龔自珍和魏源從變革現實的需要出發，對今文經學的政治思想及其應用更爲重視，關注與政治聯繫更爲密切的董仲舒學說。他們強調「變革」和「更化」，希望以此推進社會改革。龔自珍著有《春秋決事比》，對董仲舒「以經決獄」的思想大爲推崇：「凡建五始、張三世、存三統、異內外、當興王，及別月日時、區名字氏，純用公羊氏……獨喜效董氏例，張後世事以設問之。以爲後世之事，出《春秋》外萬萬，《春秋》不得而盡知之也；《春秋》所已具，則眞如是」。〔註3〕魏源著有《董子春秋發微序》，充分肯定《春秋繁露》的學術價值和地位。〔註4〕

　　甲午、戊戌前後，中國已到了「三千年未有之大變局」的時代，學者更加注重今文經學的經世功能，以變革傳統社會，挽救民族危亡。康有爲藉今文經學以推動改革，著《新學僞經考》否定古文經學，突出今文經學的地位；作《孔子改制考》，宣揚孔子改制的思想。而在儒學發展史上，塑造孔子改制形象，使得孔子的地位被神化，董仲舒及其《春秋繁露》起到了至關重要的作用，「孔學之見用於世，實自董子發明。其事二千年，孔子之學術政治行於中國，董子之功也。董子之書，今有《繁露》，實今文《公羊》之大宗，大義微言所託以傳」〔註5〕，「因董子以通《公羊》，因《公羊》以通《春秋》，因

<hr>

〔註3〕龔自珍：《春秋訣事比自序》，《龔自珍全集》，北京：中華書局，1981年，第234頁。

〔註4〕魏源對於「董氏學」十分重視，其所著《董子春秋發微》未見傳世之本，在魏源集中只見其序，可以窺見一二：「漢書儒林傳言『董生與胡毋生同業治春秋』，而何氏注但依胡毋生條例，於董生無一言；近日曲阜孔氏、武進劉氏皆公羊專家，亦止爲何氏拾遺補缺，而董生之書未之詳焉。若謂董生疏通大詣，不列經文，不足頡劼何氏，則七書三科、九旨粲然大備，且弘通精淼，內聖而外王，蟠天而際地，遠在胡毋生、何邵公章句之上。蓋彼猶泥文，此優柔而厭飫矣；彼專析例，此則曲暢而旁通矣；故抉經之心，執聖之權，冒天下之道者，莫如董生。」（魏源：《董子春秋發微序》，魏源集，北京：中華書局，1976年，第135頁）。

〔註5〕康有爲：《長安演講錄・第八次演講》，《康有爲全集》第十一集，中國人民大學出版社，2007年，第293頁。

《春秋》以通『六經』，而窺孔子之道本。」〔註6〕因此，康有爲否定古文經、推崇今文經、確立孔子改制的教主地位，就離不開對「董氏學」的大力宣傳和重新詮釋。「董氏學」在康有爲構建其今文經學理論中具有重要地位和作用，是其學術與思想的理論內核之一。

晚清學者對於「董氏學」的研究，影響最大的當爲康有爲的「董氏學」研究。康有爲在轉向今文經學後，在其早期的講學活動中，可以清晰的看到他對董仲舒及「董氏學」的關注與重視。其戊戌前的重要著作《孔子改制考》中，也多有以「董氏學」來論證孔子爲「新王」和「託古改制」之處。而《春秋董氏學》則是康有爲「董氏學」研究中最重要的著作，也是其「董氏學」研究走向成熟的標誌。康有爲把「董氏學」與現實政治相聯繫，通過重新解釋董仲舒學說來構建其今文經學理論，闡釋孔子改制學說，用以推動變法改革。《春秋董氏學》是康有爲結合自身學術特點與政治目的，對《春秋繁露》一書的創新式闡發，是康有爲變法思想的學理基礎之一，它與《新學僞經考》和《孔子改制考》一起構成了康有爲的經學理論基礎。康有爲正是以當代的董仲舒自居，來詮釋他心目中的孔子，如董仲舒那樣成爲一個儒學發展新階段的開創者，並推動政治與社會變革。

長久以來，人們多關注《新學僞經考》和《孔子改制考》，對於《春秋董氏學》則不夠重視，在研究成果方面，相對於「兩考」而言，對《春秋董氏學》的探討很少。目前，還沒有研究它的專著，也沒有相關的博士、碩士論文。研究清代公羊學和康有爲學術思想的著作中，對於《春秋董氏學》也大多或未提及，或只簡單介紹。因此，對《春秋董氏學》做進一步的研究，對於梳理與探究晚清時期「董氏學」的發展狀況，對於研究「董氏學」在康有爲今文經學中的地位和作用，具有一定的學術價值和意義。

晚清時期，「董氏學」受到學界的重視，它不僅在康有爲的學術思想中有重要地位，在其他學者的學術思想中也有體現。古文經派學家也很重視對「董氏學」的研究。如蘇輿著有《春秋繁露義證》，劉師培著有《春秋繁露校補》、《春秋繁露佚文輯補》、《春秋繁露爵國篇校補按語》，孫詒讓著有《札迻·春秋繁露》，俞樾著有《春秋繁露評議》。章太炎在其《訄書》、《國故論衡》、《諸子學略說》、《菿漢微言》等論著中也有對董仲舒的評論。相對於今文學者注重考察「董氏學」的微言大義和思想內涵而言，古文經學者多專注於《春秋

〔註6〕康有爲：《春秋董氏學》，《康有爲全集》第二集，第307頁。

繁露》的義證、校補、注釋，體現了乾嘉考據學派注重訓詁、實證的治學遺風。

晚清時期是中國傳統學術的轉型期，在這個過程中，今文經學充當了重要角色，起了重要作用，其中康有爲的影響與作用不可忽視。如錢穆所言「言近三百年學術者，必以長素爲殿軍」〔註7〕。康有爲力圖從傳統學術中尋找實現儒學近代化的可行性途徑，並同時使其成爲推動社會變革的理論，擔當起啓蒙與救亡的雙重任務。康有爲從傳統的春秋公羊學中汲取可資利用的思想與學術資源，並結合近代西學的內容，力圖創造一種「不中不西、即中即西」的近代新學術。「董氏學」在這個過程中擔當了重要角色，康有爲通過發掘董仲舒的今文經學理論，並進行重新闡釋和發揮，使其成爲近代今文經學的理論內核之一，同時又結合了諸子學、佛學、西學的知識與內容，使得晚清今文經學具有了近代特徵與精神，這個過程恰如梁啓超所說的「復古以求解放」。當時攻擊維新派最爲積極的葉德輝對此倒也看的不錯「康有爲隱以改復原教之路得自命，欲刪定六經而先作《僞經考》，欲攬亂朝政而又作《改制考》，其貌則孔也，其心則夷也。」〔註8〕評價雖不同，但卻都說明了同一個問題：晚清今文經學說已經具有了新的成分與時代特色。

由此可見，梳理和研究康有爲「董氏學」之著述及其反映的學術思想，將涉及到晚清今文經學內在學術理路的發展；以《春秋董氏學》爲核心的「董氏學」在康有爲學術思想和變法理論中的地位和作用；晚清學術界的學術分歧與論爭；「董氏學」在近代學術發展中的影響等問題。論文計劃將這些問題聯繫起來，以康有爲的「董氏學」著述之發展爲切入點和線索，來闡釋「董氏學」在晚清中西交匯、古今貫通的學術轉型過程中的地位和作用。

二、研究狀況

到目前爲止，尚無專門研究康有爲「董氏學」的專著，但研究清代公羊學、近代今文經學、董仲舒思想發展史及春秋學史的相關著述中，涉及到了康有爲「董氏學」的有關情況，茲評介如下：

關於康有爲今文經學思想中涉及到的「董氏學」，在梁啓超、錢穆等人的

〔註7〕錢穆：《中國近三百年學術史》，北京：商務印書館，1997年，第703頁。
〔註8〕葉德輝：《葉吏部與劉先端、黃郁文兩生書》，《翼教叢編》，上海書店出版社，2002年，第165頁。

學術史著述中有所論述。梁啓超的《清代學術概論》對清代三百年學術史進行回顧和總結中論及清代今文經學的發展情況，特別強調了康有爲在晚清今文經學發展中的成果和貢獻。但對清代今文經學發展過程的論述較爲簡略，且大多關注今文經學與晚清政治思潮的關係，該書提及了康有爲的《新學僞經考》、《孔子改制考》、《大同書》三部與其政治思想和活動聯繫密切的著作，對於《春秋董氏學》並未提及。稍後，梁啓超的《中國近三百年學術史》則更多的從學術發展的角度對清代今文經學的發展做了較爲詳細的論述，書中《清代學者整理舊學之總成績一·春秋三傳研究》對晚清今文經學著作情況做了歸納和總結。對於清代學者莊存於、孔廣森、劉逢祿、龔自珍、魏源、戴望、王闓運、廖平、康有爲等人的公羊學研究著作都有介紹和評價：「康先生從廖氏一轉手而歸於醇正，著有《春秋董氏學》、《孔子改制考》等書，於新思想之發生，間接有力焉。」〔註9〕在介紹清代學者校注整理古籍的成績時專門介紹了關於《春秋繁露》的整理，其中對《春秋繁露》和《春秋董氏學》均有評價：「董子《春秋繁露》爲西漢儒家言第一要籍，不獨公羊學之寶典而已。」「吾師康長素先生有《春秋董氏學》八卷，皆析闢原書，分類以釋微言大義，非箋注體。」〔註10〕

三十年代錢穆所著《中國近三百年學術史》中專列《康長素》一章，並以之作爲清代三百年學術的終結：「言近三百年學術者，必以長素爲殿軍」〔註11〕，肯定康有爲在清代學術史上的重要地位。但對康有爲的治學方法和今文經學理論持批評態度，認爲康有爲斥古文經學爲「僞經」和以今文經學言「孔子改制」在學術上是站不住腳的，並引證了《春秋繁露》來駁斥康有爲的「孔子做六經以爲改制」之說。〔註12〕

湯志鈞著《近代經學與政治》是研究近代經學的重要著作，它以近代經學演變爲線索，主要研究了近代政治與經學的互動關係。它所論述的「近代

〔註 9〕 朱維錚校注：《梁啓超論清學史二種》，上海：復旦大學出版社，1985 年，第315 頁。

〔註10〕 朱維錚校注：《梁啓超論清學史二種》，第 371 頁。

〔註11〕 錢穆：《中國近三百年學術史》，北京：商務印書館，1997 年，第 703 頁。

〔註12〕 見該書第 727 頁引《春秋繁露·玉杯篇》「詩、書序其志，禮、樂純其養，易、春秋明其知，六學皆大，而各有所長。詩道志，故長於質；禮制節，故長於文；樂詠德，故長於風；書切功，故長於事；易本天地，故長於數；春秋正是非，故長於治人。」錢穆在後面評論說「董生之言如是，曷嘗通六經爲一乎？

經學」是廣義上的經學，包括儒學內部的主要派別：今文經學、古文經學和
理學。這部書通過對龔自珍、魏源、康有爲、張之洞、孫詒讓、章太炎等人
的經學研究與其政治取向的關係分析，著重論述了近代經學發展衍變的政治
原因，近代經學的時代特點，近代經學發展與社會政治變革、思想變革的關
係。該書第五章《經學的改造》對康有爲的今文經學思想進行了分析，其中
提及了《春秋董氏學》在康有爲學術思想中的作用。作者認爲「《春秋董氏學》
中有著康有爲把《公羊》『三世』和《禮運》『大同』、『小康』相糅合的跡象：
『三世爲孔子非常大義，託之《春秋》以明之。所傳聞世爲據亂，所聞世託
昇平，所見世託太平。亂世者，文教未明也；昇平者，漸有文教，小康也；
太平者，大同之世，遠近大小如一，文教全備也』」〔註13〕作者認爲，康有爲
在《春秋董氏學》中以公羊學中的「三世說」來聯繫「大同」「小康」概念，
是「康有爲前所刊佈的書籍中所沒有的。」〔註14〕不過，作者也認爲，儘管
戊戌之前，康有爲在寫作《春秋董氏學》時已將「三世說」與「大同」、「小
康」相聯繫，但推衍三世，盡情發揮，則在戊戌之後。〔註15〕

　　陳其泰著《清代公羊學》是一部研究清代公羊學發展史的專著。作者敘
述了從清中期莊存與、孔廣森、劉逢祿等人到晚清的龔自珍、魏源、康有爲、
廖平等人對今文經學發展所起的推動作用，指出「清代今文經學的復興，就
是公羊學說重新提起和被改造推演的歷史。公羊學的復興和盛行……在百餘
年中，經歷了『重新提起──張大旗幟──改造發展──達於極盛』，是環環
相扣，十分合乎邏輯地展開，又因時代條件變化和思想界不同的學術個性而
注入新的生命，更與政治、社會、外交上迭起的風波息息相關。」〔註16〕該
書對清代今文經學家對公羊學研究的特點和成績分別給予了闡述和評價，其
中也涉及到了清代今文經學者莊存與、劉逢祿、凌曙、康有爲等人對董仲舒
著作和思想的注釋和研究情況。

　　房德鄰著《儒學的危機與嬗變──康有爲與近代儒學》是第一部關於康
有爲學術思想的博士論文。它從康有爲早期學術思想的演變、康有爲對傳統
儒學的新發展、康有爲建立孔教的努力、康有爲的大同思想等四個方面分別

〔註13〕湯志鈞：《近代經學與政治》，北京：中華書局，2000 年，第 169 頁。

〔註14〕湯志鈞：《近代經學與政治》，第 170 頁。

〔註15〕湯志鈞：《近代經學與政治》，第 286 頁下腳註。

〔註16〕陳其泰：《清代公羊學》，北京：東方出版社，1997 年，第 4～5 頁。

進行論述，分析了康有爲所構建的今文經學理論對儒學近代化的影響與作用。對於康有爲的今文經學理論，則主要側重於對《新學僞經考》和《孔子改制考》的考察，對於《春秋董氏學》提及較少。

趙伯雄的《春秋學史》是一部系統闡述「春秋學」發展史的著作，其研究視野中的「春秋學」是自春秋時代到晚清時期歷代學者對《春秋》及「春秋三傳」的研究狀況。其中第九章《清代〈春秋〉學（下）》敘述了清中期以後學者對「春秋學」的研究，著重論述了晚清今文經學派的復興，也談到了古文經學家對春秋學的研究。其研究的視角是側重於晚清學者對「春秋學」典籍的解釋，如《春秋公羊傳》、《春秋左傳》、《春秋繁露》等。作者注意到了晚清學者對《春秋繁露》的研究和對「董氏學」的重視，特別提及了從魏源開始，今文經學家更加注重對「董氏學」的闡釋，認識到相比於何休而言，董仲舒更值得研究。〔註17〕在論述康有爲今文經學理論的特徵時，該書指出了康有爲認識到「通董氏之《春秋》學，乃是通曉孔子之道的必由之路。」並認爲「康氏之所以特別看中董氏學，有一個很重要的原因，即康氏認爲董學保存了《春秋》大量的『口說之義』」。〔註18〕

周桂鈿的《董學探微》是一部研究董仲舒思想的專著。該書側重從哲學角度探討和分析，對「董氏學」中的主要哲學概念與政治概念「宇宙論」「人性論」、「仁義」、「義利」、「德才」、「名諱」、「辭指」、「常變」、「大一統」等十二個方面做了細緻的分析和評價。作者的一個重要觀點是將董仲舒提到與孔子、朱熹相併列的中國歷史上三位大思想家的地位。〔註19〕對董仲舒的歷史地位給予了充分的肯定和提升，該書對於董仲舒學說在漢代以後的發展和影響論及有限，有關董仲舒學說在清代的發展狀況僅五百餘字。〔註20〕

〔註17〕作者在該章第三節《龔自珍與魏源》中有一部分專論魏源「對董子《春秋繁露》之表章」，詳見趙伯雄：《春秋學史》，濟南：山東教育出版社，2004年，第726～729頁。

〔註18〕趙伯雄：《春秋學史》，濟南：山東教育出版社，2004年，第755～756頁。

〔註19〕周桂鈿認爲「孔子是儒學創始人，董仲舒是經學大師，朱熹是理學大師。經學是漢代的儒學，理學是宋明時代的儒學。這三大思想體系是不同時期的儒學代表，是儒學發展的三個里程碑。儒學在發展中適應時代的需要，而成爲中華民族精神的主幹。董仲舒使儒學由諸子之一而成獨尊，由一家而融彙百家，在承前啓後中起了關鍵作用。」周桂鈿：《董學探微》，北京：北京師範大學出版社，1989年，第3～4頁。

〔註20〕周桂鈿：《董學探微》，北京：北京師範大學出版社，1989年，第392～393頁。

　　探討《春秋董氏學》的相關論文，迄今為止有三篇：晁岳佩的《〈春秋董氏學〉點誤八則》〔註 21〕屬於《春秋董氏學》文獻校勘方面的論文。錢益民的《回歸傳統〈春秋董氏學〉初探》〔註 22〕一文從「康有為的『文化進化論』」和「康有為的民主觀和平等觀」兩個方面來論證康有為從傳統思想中汲取變法的理論資源。李宗桂的《康有為〈春秋董氏學〉雜議》〔註 23〕對《春秋董氏學》一書的結構、內容和主題，該書與維新變法的關係，該書所體現的學術特質上「廣東色彩」等方面進行了論述。但其對《春秋董氏學》學術特點的分析較為簡略，其結論更多的是論述其與廣東地域文化的關係。

　　需要引起注意的是，朱維錚在其《中國經學史十講》，以及他編校的《中國現代學術經典·康有為卷》中，都提到了應對《春秋董氏學》一書給予充分的重視，但由於篇幅和主題的原因，他並未做進一步深入的闡釋。〔註 24〕

　　汪榮祖的《康有為論》一書，對康有為關注「董氏學」的情況有所涉及，他提到了康有為借助董仲舒的思想來宣揚孔子「改制」、「創教」、「口說」，樹立孔子為「新王」的有關情況，指出了康有為尊崇和利用「董氏學」的歷史事實。不過，由於篇幅和主題的原因，作者並未就此作深入的分析。〔註 25〕

　　臺灣學者丁亞傑的《清末民初公羊學研究——皮錫瑞、廖平、康有為》〔註 26〕一書對晚清三位今文經學大師對公羊學經典解釋的特點進行了分析和對比。作者在對三個人的「孔子觀」「三世說」「維新思想」「經學爭論」等幾個

〔註 21〕晁岳佩：《〈春秋董氏學〉點誤八則》，《古籍整理研究學刊》，1998 年第 1 期。

〔註 22〕錢益民：《回歸傳統〈春秋董氏學〉初探》，《學術研究》，2002 年第 5 期。

〔註 23〕李宗桂：《康有為〈春秋董氏學〉雜議》，《中山大學學報》，2005 年 4 期。

〔註 24〕詳見朱維錚：《中國經學史十講》上海：復旦大學出版社，2002 年版，第 179～180 頁；《中國現代學術經典·康有為卷》劉夢溪主編，石家莊：河北教育出版社，1996 年版，第 106～107 頁。

〔註 25〕汪榮祖在書中指出「康有為認為，漢儒董仲舒最能理解公羊大義，因能從公羊通《春秋》，從《春秋》通六經的精髓，故也最明白孔子創教與製法，因而能建立知識和道德價值的『大道』。董不僅幫助漢武帝獨尊儒術，確定孔子創教的崇高地位，而且最能統合孔門七十子的『口說』，使寶貴的公羊微言，口口相傳，不至於及身而絕……康以董書為開啟儒教真義的金鑰匙，以董為海上航行的領航員，因而董在儒家傳統之中，即孟荀亦難匹比。此乃康特撰《春秋董氏學》一書的緣起，有曰：『若微董生，安從復窺孔子之大道哉？』康之尊董，真可謂孔子以下一人而已。」（汪榮祖：《康有為論》，北京：中華書局，2006 年，第 59～60 頁。）

〔註 26〕丁亞傑：《清末民初公羊學研究——皮錫瑞、廖平、康有為》，臺北：萬卷樓圖書公司，2002 年。

方面進行了對比分析時，也涉及到了康有爲《春秋董氏學》中的有關內容。該書對於探討康有爲的「董氏學」研究具有一定的參考價值。

國外學者關於清代今文經學研究較有影響的著作是艾爾曼的《經學、政治和宗族——中華帝國晚清常州今文學派研究》一書。作者在書中對清代常州今文經學派產生、興衰的「內在理路」與「外部環境」作了互動的分析，認爲清代中期的今文經學深深植根於區域性的社會活動中。這本書實際是在深入探討「思想」如何而來，又如何而變。力圖打通「思想史」和「社會史」的研究。作者認爲常州今文經學者通過解釋漢代春秋公羊學，來重塑孔子的形象，對漢代董仲舒和何休的解經方式都有繼承和發展。〔註 27〕艾爾曼書中有許多觀點值得商榷，但該書畢竟給我們提供了研究思想史和學術史的一個新視角，具有一定的參考價值。

從對上述研究成果的分析可見，關於康有爲的「董氏學」研究這一問題，前人對此有所涉及，取得了一定的研究成果：

第一、對於晚清今文經學的總體探討，如對其興起原因、發展過程、與晚清政治的互動關係均有較爲深入的研究，爲進一步深入探討「董氏學」在晚清的發展歷程打下了基礎。

第二、對於清代今文學家的個案研究，尤其是他們政治思想的研究取得了不少成果，對龔自珍、魏源、康有爲、廖平等今文經學重要學者，都已有相關研究著作和論文。〔註 28〕對於晚清今文經學家的學術特點、學術貢獻、相互之間的師承和學術影響也都有一定程度的探討，對於他們今文經學研究中關於「董氏學」的論述有所涉及。

第三、一些著作和論文中涉及到了康有爲等人關於「董氏學」研究的具體內容，對於《春秋董氏學》的學術特徵和地位也有一定的論述和分析。

研究中也存在明顯的不足：

第一、對於康有爲的「董氏學」著述之研究這一問題，基本上放在晚清今文經學的研究中進行論述。對於康有爲關於「董氏學」的闡釋和重構，缺乏系統和全面的梳理與述評。對於康有爲「董氏學」研究的政治、社會、學術背景，「董氏學」在晚清今文經學復興中和今文經學理論構建中的作用；董

〔註27〕詳見該書第五章《莊存與與公羊學》、第六章《從莊述祖到宋翔鳳》、第七章《劉逢祿與今文經學》。

〔註28〕相關論文題目和出處，可見《附錄：主要參考文獻》之論文部分。

仲舒歷史形象的構建；晚清學者關於康有爲「董氏學」的分歧等問題，還缺乏深入的探討和研究。

　　第二、對於康有爲「董氏學」研究的主要著作——《春秋董氏學》還缺乏足夠的重視。在康有爲關於今文經學理論的三部著作中，對「兩考」關注較多，而對《春秋董氏學》的研究還十分薄弱。〔註29〕對於《春秋董氏學》一書的著述特點、經學研究方法，所反映出的康有爲的政治思想與學術思想，及其在康有爲今文經學理論中的作用等，都是值得探討的問題。

　　第三、與康有爲「董氏學」相關聯的晚清思想與學術的其他問題。如晚清學者圍繞康有爲「董氏學」的分歧，「董氏學」與晚清的學術論爭及學術風氣的轉變等，尚有很大的探討與研究的空間。

三、研究對象的界定、研究思路

（一）研究對象的界定

　　關於康有爲的「董氏學」研究，屬於學術史研究的範疇，也涉及到晚清政治史、思想史相關問題的探討，涉及的概念、學派、著作較多，給這個問題的研究帶來一定的困難。如張君勱所言「蓋學術之研究，第一貴有概念……既不知有概念，即不知對於一個概念而下定義；不知下定義，則此概念與彼概念之不同，無由辨別；此學問與彼學問之分界，亦無由確定」〔註30〕。因此，給予研究對象一定的界定十分必要。

　　時間的界定：本書論述的時期大致集中於戊戌前康有爲關於「董氏學」的研究和論述，由於學術發展的連續性和傳承性，以及晚清「董氏學」的發展是隨著清中期今文經學的復興而發展起來的客觀狀況，在研究康有爲「董氏學」的學術淵源時要上溯至清代中葉乾嘉時期。

　　概念的界定：康有爲的「董氏學」研究，主要是指康有爲對董仲舒在儒學發展史上歷史地位的研究與評價，對董仲舒最重要著作《春秋繁露》的研究與評價，以及其借助董仲舒學說闡述自己的政治思想和學術思想的情況。其中康有爲「董氏學」著述中最重要的是《春秋董氏學》，涉及到對董仲舒學

〔註29〕《孔子改制考》已有專門的博士論文，《康有爲〈孔子改制考〉研究》洪鎰昌著，周虎林指導，高雄師範大學國文系，2004年。《新學僞經考》民國時期符定一專門有《新學僞經考駁誼》，上海：商務印書館，1937年。

〔註30〕張君勱：《明日之中國文化》，濟南：山東人民出版社，1998年，第78頁。

術思想、政治思想的評價，對董仲舒歷史地位、作用的評價，以及通過對「董氏學」的重新詮釋來宣傳其政治立場和學術主張的情況。

「董氏學」與今文經學、春秋公羊學的關係：三者密切相關，又有一定區別：

今文經學是以今文經的經典為研究對象，且具有獨特的師承關係、解經方式、歷史觀、哲學觀和政治價值取向的儒學派別。在漢代，它與古文經學並立，擁有自己獨特的一套「五經」典籍的傳承、解釋體系。在晚清時期，今文經學是和當時儒學內部所謂「漢學」「宋學」或「考據學」「理學」並存的學術派別。

春秋公羊學，是以今文經學中最為重要的經典《春秋公羊傳》為研究對象，通過解釋《公羊傳》中的微言大義來研究和闡發今文經學的一門學問。由於東漢以後，今文經學的主要經典大部分都失傳了，在《十三經》當中，《春秋公羊傳》是最重要的今文經學典籍。因此，自漢代以後，研究今文經學的主要內容就是研究和解釋《春秋公羊傳》。

「董氏學」一詞，是晚清學術界具有一定共識的學術名詞，自清代中期以來的學者論及董仲舒的思想與學術時，如劉逢祿、宋翔鳳、淩曙、康有為、章太炎、劉師培、梁啟超、蘇輿等人多用「董氏之學」、「董子之學」或者直接用「董氏學」一詞來稱謂，如本文研究的主要對象，康有為的《春秋董氏學》即為例證。因此，「董氏學」一詞可以被認為是清代學者對董仲舒思想學說的一種統稱。是指董仲舒著作中反映的政治主張與學術思想，其中以《春秋繁露》一書最為重要，它即是董仲舒對《公羊傳》所做的理解和發揮，又是董仲舒個人思想的體現〔註31〕。董仲舒是漢代今文經學的集大成者，其學術和思想成就突出反映了漢代今文經學的特點和成就。某種程度上，「董氏學」代表了漢代今文經學理論的精髓，並成為後世研究今文經學無法迴避的內容。因此，對康有為「董氏學」研究的再研究，就是通過分析康有為對董仲舒思想與學術的闡釋，來研究晚清今文經學學術理路的發展。

（二）研究思路

第一、歷史文獻的梳理與分析。對康有為等人關於「董氏學」研究的歷

〔註31〕一般認為，《春秋繁露》並不是完全解釋《公羊傳》的著作，其中傳引、解釋公羊傳的著作在該書中大概只占十之五六，其餘的則是董仲舒對當時政治的個人理解和闡述。

史文獻進行分析是開展本題目研究的第一步。除康有爲外，在莊存與、劉逢
祿、淩曙、龔自珍、魏源、劉師培、葉德輝、蘇輿等人的著述中都有關於「董
氏學」的評論。收集、整理、分析這些相關論述的材料是展開研究的基礎和
前提，並由此理清清中期以後「董氏學」發展的歷史過程。從而解釋清代今
文經學家如何從重視何休及其《春秋公羊解詁》到逐漸重視董仲舒及其《春
秋繁露》這一轉變的社會原因和學術背景。並由此闡釋常州學派對於康有爲
「董氏學」研究的影響。

　　第二、突出重點、兼顧其他。由於晚清學者有關「董氏學」的研究較爲
分散，康有爲關於「董氏學」的論述也散見於其各篇著作中。本文選取戊戌
前康有爲「董氏學」研究的有關著述爲研究重點，其中又以《春秋董氏學》
爲重點進行探討，分析其著述特點，包括其對《春秋繁露》摘錄、分類和編
排的特點，其「按語」的特徵和意義，以及這部著作在康有爲今文經學理論
體系中的作用。對於與康有爲「董氏學」研究相關聯的莊存與、劉逢祿、龔
自珍、魏源、劉師培、葉德輝、朱一新、蘇輿等學者對「董氏學」的論述也
給予一定的關注和涉及。

　　第三、對比分析。對比晚清學者對「董氏學」的不同研究取向，今、古
文經學家對董仲舒歷史地位和思想的不同解釋與評價，並解釋這種不同背後
所體現的政治取向、學術背景、治學方法的不同。如同爲研究《春秋繁露》
的著作，《春秋董氏學》和蘇輿的《春秋繁露義證》不僅研究方法不同，體現
的政治觀點和立場也相異。從中可以看出雖處同一時代，由於自身學術基源
和政治取向的不同，對於同一學說的解釋具有明顯的差異。

　　第四、多視角分析。學術的發展與政治的影響、社會的變革、思想的變
化密不可分，康有爲的「董氏學」更是與政治環境和社會思潮有著密切聯繫。
一定的學術是一定政治、社會發展的反映，一定的學術又成爲社會變革思潮
的理論基礎，晚清「董氏學」的發展也體現了這一規律。「董氏學」在晚清的
復興，除了其學術理路發展的推動外，還在於晚清時期有其發展的社會土壤。
此外，「董氏學」被重新闡釋，又成爲今文經學的重要理論支撐，促使今文經
學成爲推動社會變革的理論。因此，學術史研究固然要側重從學術發展、學
術理路轉變的角度來談，但與政治史、社會史的結合也不可忽視。

第一章 「董氏學」概述及清代常州學派的「董氏學」研究

　　清代中期，在乾嘉考據學如日中天之時，於社會轉型的前夜，傳統學術內部已開始醞釀著變革，這種變革體現在儒學內部的漢宋之學出現了論爭和融合的趨勢。此外，還有一支學術力量的異軍突起也頗受時人的關注，這就是沉寂了千餘年的今文經學的復興。晚清時期，今文經學逐漸擴大其社會影響力，到戊戌變法之前，由於它與政治變革密切結合起來，引起了社會的廣泛關注，而成為晚清學術界的「顯學「之一。今文經學以「春秋公羊學」的研究為核心，自清代中期以後，今文經學者傳承公羊學的基本理論和治學方法，對漢代公羊學的重要人物董仲舒、何休的學術思想大加闡揚，並以此作為在學術理路上復興今文經學的手段。而從清代中期今文經學者的學術研究中，可以看到他們從重視何休的公羊學理論，到逐漸重視董仲舒學說的歷史演變過程，其原因在於「董氏學」中有許多可資利用的思想和學術資源，可以為今文經學的復興提供學理基礎。同時，常州學派對「董氏學」的研究對後來的今文經學者有著重要影響，我們可以從他們的「董氏學」研究中找到康有為「董氏學」研究的學術淵源所在。

第一節 「董氏學」概述

一、董仲舒的生平

　　董仲舒，西漢廣川（今河北景縣）人，約生於公元前 198 年，卒於公元

前 106 年〔註1〕，是西漢著名的今文經學大師，也是中國古代著名的思想家。就董仲舒生平而言，大體可分爲三個階段：

（一）治經講學、廣採博納

由漢文帝初年至景帝末年，是董仲舒人生經歷的第一階段，即治經講學階段。《漢書・董仲舒傳》所記「少治《春秋》，孝景時爲博士。下帷講誦，弟子傳以久次相授業，或莫見其面」，「進退容止，非禮不行，學士皆師尊之。」《史記・儒林列傳》和《漢書・董仲舒傳》都記載了相同的一個事例，董仲舒因專心研經治學而「三年不窺園」。可見，當董仲舒步入人生的中年階段時，已經是一位在學術界有相當成就和地位的著名經學大師了。董仲舒廣採博納，他以儒家思想爲核心，而兼容了陰陽家、道家、法家等諸家思想，又根據現實的需要增加了許多時代的內容。不過，由於文景之時政治上奉行「黃老無爲」之治，儒學還處於復蘇與發展時期。此時董仲舒在政治上並無大的作爲，只是由於其學術威望和地位而列於「博士」之位。

（二）兩相驕王、屢遭頓挫

漢武帝元光元年（公元前 134 年），武帝下令「郡國舉孝廉各一人」參加皇帝御前的「對策」，董仲舒獻上了自己著名的「天人三策」。董仲舒對策中的主張頗得武帝欣賞，加之武帝即位後逐漸改變了漢初尊奉「黃老之術」的統治思想，轉而推崇儒學、重用儒生。因此，「對策」之後不久，董仲舒便被任命爲江都王相，開始了他一生的入仕實踐。不過，董仲舒的仕途歷程並不順利，出任江都王相五年之後，江都王上書皇帝請求帶兵擊匈奴，武帝不許，或因受此事牽連，董仲舒被免去江都王相而改任中大夫。徙爲中大夫的董仲舒居家著書，大談天人感應的災異之論，著《災異之記》，結果卻被政敵抓住把柄而險遭牢獄之災。險遭不測的董仲舒不久又被任命爲膠西王相，不過此

<hr>

〔註1〕　詳見周桂鈿：《董學探微》，北京：北京師範大學出版社，1989 年，第 1～9 頁。關於董仲舒的生卒年，《史記・儒林列傳》和《漢書・董仲舒傳》都沒有明確記載，董氏的確切生卒年在學術界頗多分歧。關於董氏生卒年的不同說法，詳見於蘇輿的《春秋繁露義證・董子年表》；侯外廬等著《中國思想通史》第二卷，第 90 頁，北京：人民出版社，1957 年；金春峰著《漢代思想史》，北京：中國社會科學出版社，1987 年，第 146 頁；章權才《董仲舒生卒年考》，《社會科學評論》，1986 年第 2 期；王永祥《董仲舒評傳》，南京大學出版社，1995 年；周桂鈿的《董學探微》及其《董仲舒考補》，《史學史研究》，2002 年第 4 期等論著中。

次任命卻緣於政敵的陰謀。膠西王是武帝的兄長，《漢書》記載這位諸侯王是一個驕橫、兇惡、嗜殺成性之人。而時任丞相的公孫弘因與董仲舒關係不睦，利用手中的權力和武帝的信任，刻意打擊董仲舒，上言武帝「獨董仲舒可使相膠西王」，遂使得董仲舒被任命爲膠西王相而處於「險境」。好在膠西王雖然驕橫，卻「聞董仲舒大儒，善待之」，並未難爲他。但經歷宦海風雲的董仲舒，已成政治上的驚弓之鳥，遂絕意於官場，於當年即託病辭官，「致仕懸車」，告老還鄉。

（三）退居著書、安度晚年

與同時代的很多高官重宦「先榮後辱」、「下場淒慘」相比，董仲舒的晚年結局還是很爲時人所羨慕的。致仕居家的董仲舒潛心治學，過了十幾年較爲平靜的生活。據《史記‧儒林列傳》載，董仲舒「居家，至卒，終不置產業，以修學著書爲事」。不過，一生熱心政治，並將學術與政治密切結合起來的董仲舒當然不會從此不聞政治。而曾經欣賞和拔擢過他的漢武帝，在其致仕之後很看重他的學術威望和政治經驗，念念不忘這位經學大師，並不斷挖掘他的政治餘熱。《漢書‧董仲舒傳》記載：「仲舒在家，朝廷如有大議，使使者及廷尉張湯就其家而問之，其對皆有明法。」可見，晚年的董仲舒成了居家而被皇帝時常諮詢政事「大議」的「政治顧問」。而諮詢政事的範圍也相當廣，綜合《漢書》中《食貨志》、《五行志》、《匈奴傳》，《春秋繁露》中的《郊事對》，及《春秋決獄》等文獻，涉及到鹽鐵專賣、郊祭大典、對匈奴政策、賑災、司法決獄等政治、經濟、文化、軍事等重大國事。董仲舒的建議有的得到了採納，並在實施中取得了不錯的效果，對朝廷的決策有著重要的影響。此外，就董仲舒所提意見的內容來看，大多貫徹和體現了儒家德治和仁政的主張，與社會發展的要求是相適應的。

由上述可見，就政治經歷而言，董仲舒一生兩爲諸侯王相，位雖高而權有限，以從政效果來看，也無顯赫的政績，且仕途頗多坎坷挫折。不過，董仲舒以布衣儒生進而爲博士，因回答漢武帝的策問而受到賞識和拔擢。即便是在官場失意而退隱的情況下，仍然受到最高統治者的重視和垂青，派使者屢問「大議」，並有不少被採用實施。董仲舒年老「以壽終於家。」去世後，「家徒茂陵，子及孫皆以學至大官」。生前死後，也算得上是倍受憂榮。特別是董仲舒成爲朝廷的高級官吏，靠的不是家世、不是戰功、甚至不是突出的政績，而是因爲他的思想和學識被漢武帝所欣賞。此時，儒學逐漸成爲官方

哲學，儒學從此登上了國家意識形態的殿堂，儒學成爲社會倫理道德、教育以及國家選拔人才的標準，即通過歷史上被稱作「罷黜百家、獨尊儒術」〔註2〕的方式，使得儒家學派從諸子之一成爲占據絕對優勢的學術主流。

就學術經歷而言，董仲舒的學術影響無論在當時還是身後，都超過了他的政治影響。董仲舒作爲西漢今文經學大師，在當時頗具聲望，《漢書・五行志》記，「景武之世，董仲舒治《公羊春秋》，始推陰陽，爲儒者宗。」作爲同時代人，史學家司馬遷高度評價董仲舒的經學成就，「故漢興至於五世之間，唯董仲舒名爲明於《春秋》，其傳公羊氏也」，肯定董仲舒的公羊學的嫡傳和權威地位。《漢書・董仲舒傳》所記則更爲傳神，「少治《春秋》，孝景時爲博士。下帷講誦，弟子傳以久次相授業，或莫見其面」，可見董仲舒在學術界地位之高。劉向稱「董仲舒有王佐之材，雖伊、呂亡以加，管、晏之屬，伯者之佐，殆不及也。」即便是尊崇古文經學，排斥今文經學的劉歆也充分肯定董仲舒的學術地位和成就「仲舒遭漢承秦滅學之後，六經離析，下帷發憤，潛心大業，令後學者有所統一，爲群儒首。」〔註3〕

二、董仲舒學術思想的特點及其影響

董仲舒的思想體系結構複雜，內容繁多，涉及政治、哲學、倫理等諸多方面，如政治上的「大一統論」、哲學上的「天人感應」等。從學術傳承的角度，董仲舒思想對於漢代及以後儒學發展的影響，體現在以下幾方面：對孔子地位及思想的升格與神化；對於孔子「口說」和微言大義的再解釋；使得春秋公羊學成爲西漢的顯學；完成了自戰國末年開始的學術「融合」過程。

董仲舒突出提高孔子的地位，把他提高到了「素王」的高度，意爲有帝王之德而無帝王之位，「素王」一詞頗具政治含義。那麼，孔子成爲「素王」的根據是什麼呢？董仲舒在《天人三策》中給出了答案：「孔子作《春秋》，先正王而繫萬事，見素王之文焉。」〔註4〕董仲舒強調孔子作《春秋》的歷史功績。而在漢代之前，《春秋》不過是先秦古典文獻之一，被大多數人認爲是

〔註2〕 長久以來，學術界對於「罷黜百家、獨尊儒術」的理解分歧很大，對其含義、過程、作用有不同看法。這一問題非本文所討論的重點，但可以肯定的是，儒學自漢武帝時期，經過國家的大力推行和弘揚，成爲超過其他諸子思想的顯赫學派，則是事實。

〔註3〕 班固：《漢書・董仲舒傳》，北京：中華書局，1962年，第2526頁。

〔註4〕 董仲舒：《天人三策》，《董仲舒集》，北京：學苑出版社，2003年，第16頁。

一部記述春秋時期歷史的典籍。《春秋》是否爲孔子所作或爲孔子所刪改,也並無定論,相比於《詩》、《書》、《禮》、《易》而言,並無特殊的地位。而到了董仲舒這裡,《春秋》已不再是普通歷史典籍,而成爲傳達天意的寶典。董仲舒在《春秋繁露・精華》篇中說「今《春秋》之爲學也,道往而明來者。然而其辭體天之微,故難知也。弗能察,寂若無;能察之,無物不在。」〔註5〕《春秋》在董仲舒那裡已經變得無所不包和神秘高遠。《春秋》是聖人之言,發自天意,通過神化《春秋》,董仲舒也把孔子由「素王」進一步提升爲聖人。這種現象確如錢穆評價董仲舒所說:「其言天人相與之際,以災異之變言《春秋》,皆非孔子以來儒者之本義」〔註6〕。董仲舒通過對《春秋》地位的提升和自己的獨特闡釋,已在相當程度上改變了孔子的歷史形象和本來面目。此後,今文經學日益與讖緯神學結合起來,在讖緯中,孔子已經變成了一個地地道道的「神靈」,走向了神秘化。

漢代,儒家經典的傳授十分注重師法和家法,後人曾評價爲「前漢重師法,後漢重家法。先有師法,而後能成一家之言。師法者,溯其源;家法者,衍其流也」〔註7〕。《詩》、《書》、《禮》、《易》、《春秋》各有自己的師承傳授體系,如《詩》分爲齊、魯、韓和毛氏,《書》分爲大小夏侯,《禮》分大、小戴、《易》有施、孟、梁丘三家,《春秋》則分爲左氏、公羊、穀梁三家。可見,春秋公羊學只是「春秋學」的一個「門派」而已。且董仲舒所傳之春秋公羊學,也只是春秋公羊學中的一個支派,《史記・儒林傳》記載「言《春秋》於齊魯自胡毋生,於趙自董仲舒」。但經過董仲舒的努力,「春秋公羊學」自漢中期後成爲顯學,在經學各派中享有尊顯的地位,並帶動了今文經學地位的上昇。董仲舒大力推崇春秋公羊學,其根本目的在於爲政治服務,董氏的春秋公羊學,其核心思想在於「大一統」的政治觀、「張三世」的變易觀、「通三統」的改制觀。董仲舒對於儒學的重要貢獻,在於開創了儒學發展的新階段,使得漢代儒學在繼承先秦儒學的基礎上,具有了新的時代精神,並和政治實踐密切結合起來,成爲具有國家意識形態和社會價值觀體系核心的思想學說。

〔註 5〕 董仲舒:《春秋繁露・精華》,《董仲舒集》,北京:學苑出版社,2003 年,第 87 頁。
〔註 6〕 錢穆:《國學概論》,北京:商務印書館,1997 年,第 92 頁。
〔註 7〕 皮錫瑞:《經學歷史・經學極盛時代》,北京:中華書局,1959 年,第 136 頁。

　　然而，作爲顯赫一時的大儒，董仲舒及其著作，從東漢末到清代中期卻遭到難以置信的冷遇，《春秋繁露》一書流傳的支離破碎，幾無完書，學術影響也十分有限。究其原委，從西漢之後思想學術發展衍變的過程，以及「董氏學」的內容與特徵來入手分析，有以下幾方面原因：

　　第一、西漢後期，今文經學走向衰落，古文經學逐漸興起。西漢末年，在王莽、劉歆等人的大力扶植下，古文經學開始異軍突起，古文經的經典《古文尚書》、《毛詩》、《禮古經》、《左氏春秋》、《周官》等都曾被立爲學官、置爲博士。儘管王莽敗亡後，其所立的古文經學官又被廢黜，但作爲官學的今文經學，在理論和學術上難有大的發展和突破，反倒是在民間發展的古文經學有了很大發展，在東漢時期成爲學術主流。

　　此外，從治學方法角度而言，古文經學的文獻多來自於民間的發現與發掘，雖然篇目比較分散淩亂、文字也有缺失，不如今文經的經典系統、完整，但卻激發了古文經學者們爲了讀通典籍而熱衷於文字的訓詁、考據、校勘等工作，使得訓詁考據之學成爲古文經學的治學手段和學術特徵，並由此帶動了整個東漢一代訓詁考據之風的盛行和文字學、音韻學的興起。相對於今文經學解經講求微言大義，注重對經義的附會和發揮，古文經學更講求「實事求是」的務實態度，這種治學態度被當時相當一部分學者所承認、遵循、推崇。東漢時期，著名的經學大師，賈逵、服虔、馬融、鄭玄，多善於文字、音韻的訓詁考據。

　　東漢末年何休著《公羊何氏解詁》，希望以此挽回公羊學的頹勢，從學術發展的角度來講，《公羊何氏解詁》有著十分重要的地位，其側重點在於解釋《春秋公羊傳》中的「義例」，在所謂「春秋大義」方面，卻沒有更新的突破和發展。與《春秋繁露》相比，其學術性強而政治性弱。況且，《解詁》中大量的引用圖讖緯書，也沒有給公羊學帶來新的生命，《解詁》一書只能成爲今文經學走向全面衰落的絕唱。隨著今文經學的衰落，儘管董仲舒在東漢學者中仍有較高的聲譽和地位，但其學術思想卻少有人繼承與發展，逐漸淡出學人的視野。

　　第二、「董氏學」與讖緯神學相調和，甚至依附於讖緯之學，這就使得今文經學變得愈來愈神秘化和宗教化。董仲舒運用陰陽五行思想改制儒學，構建了獨具特色的理論體系。從董仲舒所生活的漢代社會氛圍來看，是一個陰陽五行學說、神秘主義思想，甚至巫術在社會上具有巨大影響力的時代，「陰

陽」、「災異」學說的引入，在當時有助於其思想學說在社會上廣泛傳播和被接受。但同時，這種參雜了大量讖緯神學的情況也抑制了其學術的進一步發展。從實踐角度而言，讖緯神學在論證統治者統治合法性的同時，也會被政治上的反對勢力所利用，成爲威脅統治的一種工具。王莽代漢和東漢末年的黃巾軍起義都曾利用讖緯的事實就是明證。因此，在漢代所盛行的讖緯神學隨著東漢的滅亡而走向衰落。

第三、從政治的具體操作角度看，也注定了「董氏學」的逐漸式微。「董氏學」中的儒家思想成分在漢代的政治實踐和政策制定中，被採用的有限。而被統治者利用最多的，恰恰是其「陰陽五行、災異譴告」等神秘色彩頗多的部分。例如，漢武帝雖然讚賞董仲舒的學說，但實際上卻是重用酷吏，窮兵黷武，不以仁愛爲事。正如《史記·汲鄭列傳》中對漢武帝的評價「陛下內多欲而外施仁義，奈何欲效唐虞之治乎」。武帝之後，西漢的歷代統治者對儒學的尊崇，也完全是從現實需要出發，而非對其價值觀的遵循。《漢書》記載了漢宣帝時期有一個有趣的例子，很能說明問題：「孝元皇帝……柔仁好儒，見先帝所用多文法吏，以刑名繩下……嘗侍燕，從容曰：『陛下持刑太深，宜用儒生。』宣帝作色曰：『漢家自有制度，本以霸王道雜之，奈何純任德教，用周政乎！』」﹝註8﹞可見，政治思想和政治的實際操作，是有著相當的距離。東漢滅亡後，中國陷入長期的分裂局面，王朝的輪換如走馬燈一般，許多皇帝的帝位乃至生命朝不保夕，董仲舒所提倡的「天子受命於天」等尊王思想，並無現實的政治基礎。而學術上，經學走向整體的衰落，玄學、道教以及來自域外的佛教都構成了對儒家地位的衝擊，這也是「董氏學」長期隱而不顯的重要原因。

三、董仲舒的主要著述及其後世流傳情況

董仲舒究竟有哪些著作？其後世流傳的狀況如何？今天所見之董仲舒著述的眞僞與可信程度如何，是後人研究「董氏學」的重要前提。《漢書·董仲舒傳》曾記載「仲舒所著，皆明經術之意，及上疏條教，凡百二十篇。而說《春秋》事得失，《聞舉》、《玉杯》、《蕃露》、《清明》、《竹林》之屬，復數十篇，十萬餘言，皆傳於後世。」﹝註9﹞《漢書·藝文志》則載董仲舒的著述有

﹝註8﹞ 班固：《漢書·元帝本紀》，北京：中華書局，1962年，第277頁。
﹝註9﹞ 班固：《漢書·董仲舒傳》，北京：中華書局，1962年，第2525～2526頁。

兩種：「公羊董仲舒治獄十六篇」和「董仲舒百二十三篇」。此外，還有《漢書‧董仲舒傳》所載《天人三策》，以及散見於《漢書‧食貨志》中的兩項上書，《五行志》中的「廟殿火災對」及論災異七十七事兩項，《匈奴傳》贊語中的論禦匈奴言論。這基本上是漢代史籍中提到的反映董仲舒思想的主要材料。從中可以看出，董仲舒的著作大致分爲兩部分，一部分是經學研究著述、一部分是他給皇帝的上書或回答皇帝的對策。從《漢書》記述的情況看，班固由於距離西漢未遠，能看到的董仲舒的著作比今天要多。經歷魏晉南北朝時期的社會動蕩與戰亂，董仲舒的著作散佚了不少，《隋書‧經籍志》經部春秋類中記載的董仲舒著作已比《漢書》中提及的少了多篇。此外，唐代人所輯錄的從東周到南朝時期的詩、賦、雜文等，共二百六十首，編爲《古文苑》，其中收錄了董仲舒的四篇著作《士不遇賦》、《詣丞相公孫弘記室書》、《郊祀對》、《雨雹對》。今天能看到的董仲舒的著作，基本上就是上述這些。

　　現存的董仲舒著作中，《天人三策》與《春秋繁露》最爲重要。《天人三策》被《漢書‧董仲舒傳》完整的收錄而保留下來，從內容上看，是董仲舒回答漢武帝對策的對話，相對比較可靠。而《春秋繁露》的流傳和版本則十分複雜，其內容也比較凌亂、混雜。從書目來看，《漢書》中並無《春秋繁露》書名，漢代其他文獻中也未見其名，最早提及這一書名的是《隋書‧經籍志》，可見書名的形成，應在魏晉南北朝時期，具體年代尚無法考證。在《漢書‧董仲舒傳》中，《蕃露》（古代，「蕃」通「繁」）〔註10〕、《玉杯》、《竹林》、《聞舉》等篇都是單獨成篇，是並列的關係。而今本《春秋繁露》，「繁露」變成了書目，而《玉杯》、《竹林》、《聞舉》等篇目等與「繁露」成了附屬關係。一方面《春秋繁露》書目、篇目、體例以及傳承過程較混亂；另一方面，其內容也十分雜亂，有對《春秋》微言大義的解釋，有探討天人關係的論述，有記述祭祀、求雨等儀式的記錄，並不像一部體系完整，結構清楚的著作，因此，歷代學者對《春秋繁露》一書的眞僞曾提出質疑，並由此而對其價値

〔註10〕關於「繁露」一名的含義，後人有多種解釋，如《周禮‧大司樂》的注疏中提到「前漢董仲舒作《春秋繁露》，繁，多；露，潤。」其意應是評價董仲舒的《春秋繁露》對春秋之學的闡發潤益處多。南宋《館閣書目》提到「天子南面立，絻無繁露」一句，注云：「繁露，冕之所垂也，有連貫之象。」按此意思，《春秋繁露》中的「繁露「即引申爲董仲舒對《春秋》大義的串聯闡釋。還有一種解釋，是程大昌的《書秘書省繁露書後》中認爲，」繁露也者，古冕之流，似露而垂，是其所從假以書名也。這種解釋與第二種解釋有相類似的地方。

評價不高。特別是從宋代開始，這種疑問越來越大，《崇文總目》首先對《春秋繁露》發難：「案此書盡八十二篇，義引宏博，非出近世，然其間篇第亡舛，無以是正，又即用《玉杯》、《竹林》題篇，疑後人取而附著云。」〔註11〕南宋程大昌對於其眞僞提出了進一步的懷疑，他認爲流傳至宋代的《春秋繁露》並非董氏本書：「班固記其說《春秋》凡數十篇，《玉杯》、《繁露》、《清明》、《竹林》各爲之名，似非一書。而今董某進本，通以《繁露》冠書，而《玉杯》、《清明》、《竹林》特各居其篇卷之一，愈益可疑。」〔註12〕程大昌除了從篇目上懷疑外，還從內容上提出異議，他說「他日讀《太平寰宇記》及杜佑《通典》，頗見所引《繁露》語言，顧今書皆無之。」〔註13〕清代乾隆年間編撰的《四庫全書》中收錄了《春秋繁露》，但《四庫全書總目》中對其評價亦不高，在按語中，認爲《春秋繁露》「雖頗本《春秋》以立論，而無關經義者多，實《尚書大傳》、《詩外傳》之類。向來列之經解中，非其實也，今亦置之於附錄。」〔註14〕而且，《總目》對於董仲舒時代的今文經學頗爲不屑，認爲「蓋秦漢以來，去聖日遠，儒者推闡論說，各自成書，與經原不相比附。如伏生《尚書大傳》，董仲舒《春秋陰陽》，覈其文體，即是緯書，特以顯有主名，故不能不託諸孔子」〔註15〕，這恐怕代表了清中期之前，學術界對董仲舒及《春秋繁露》的一個總體看法。而對《春秋繁露》開始關注並評價不斷提高，則是清嘉道時期及以後的事情了。

然而，如何來看待《春秋繁露》的眞僞，此書又在多大程度上反映董仲舒的思想呢？從《春秋繁露》的書目、篇目、內容上看，該書確有部分內容、篇章是後人增加進去的，並非董仲舒的原作。不過，古籍在傳抄過程中，被修改、篡入一些內容，是常見之事，並不能藉此而對全書的眞僞做出判斷。判斷一部古籍的眞僞，還要用此書與較爲可信的典籍進行相互參照、對比、分析，看其學術特徵是否與可信文獻相一致。《天人三策》因

〔註11〕 袁長江主編：《董仲舒集》，北京：學苑出版社，2003 年，第 447 頁。

〔註12〕 程大昌：《新安程大昌泰之書秘書省〈繁露〉書後》，《董仲舒集》，北京：學苑出版社，2003 年，第 451 頁。

〔註13〕 袁長江主編：《董仲舒集》，北京：學苑出版社，2003 年，第 451～452 頁。

〔註14〕 紀昀：《四庫全書總目提要‧卷二十九‧春秋類‧附錄》，《四庫全書總目提要》第一冊，石家莊：河北人民出版社，2000 年，第 776 頁。

〔註15〕 紀昀：《四庫全書總目提要‧卷六‧經部六》，《四庫全書總目提要》第一冊，石家莊：河北人民出版社，2000 年，第 184 頁。

完整的保留在《漢書‧董仲舒傳》中，內容最爲可信，將之與《春秋繁露》相互參照比較，可以發現二者有很多觀點和內容是相同的，其涉及的核心問題都是關於「天人感應」、「陰陽災異」、「王道教化」、「有爲與無爲」、「德治與刑罰」等方面。《天人三策》是董仲舒回答武帝策問的對話，內容相對簡約。《春秋繁露》是對《天人三策》中所提觀點的進一步解釋，其內容更完善、全面，而兩者的基本主旨是相同的。此外，比較二者的思想內涵，《天人三策》主要體現出董仲舒匯合儒家思想和陰陽災異思想，而《春秋繁露》內容更爲複雜，除了儒家思想和陰陽五行思想外，還吸收了漢初盛行的「黃老之學」等內容，其思想體系更爲完善。此外，《春秋繁露》《郊事對》、《對膠西王越大夫不得爲仁》、《止雨》等篇中記載的董仲舒的言論，都可在《漢書》中找到。《四庫全書總目》雖對《春秋繁露》評價不高，但也承認其大體反映董仲舒的思想：「今觀其文，雖未必全出仲舒，然中多根極理要之言，非後人所能依託也」。〔註16〕

　　今本《春秋繁露》一書共十七卷、八十二篇，缺第三十九、四十、五十四等三篇，實存七十九篇。內容可分爲四部分：從《楚莊王》至《俞序》，共十七篇，主要是論說《春秋》，發揮《春秋》的微言大意。從《離合根》至《諸侯》，共二十篇，主要是論述君主治理國家的原則和方法，涉及到正名、人性、禮義、禮樂、制度等方面。從《五行對》至《五行五事》以及《循天之行》至《天道施》，共三十篇，是探討天地、陰陽、五行的運轉等自然現象及規律，闡發天人同類、天人合一及天人感應的觀點。從《郊語》至《祭義》，共十二篇，是論述祭祀天地、宗廟、求雨、止雨的儀式意義，闡明尊天敬祖的道理。從總體上看，書的內容是以儒家思想爲基礎，結合陰陽五行學說、黃老道家學說、法家學說等，闡發附會《春秋》的微言大義。《春秋繁露》的版本主要有明萬曆年間新安程榮校刻的《漢魏叢書》本、清乾隆年間盧文弨的《報經堂叢書》本、《四部叢刊》本和《四部備要》本等。注本中較爲重要的有清凌曙的《春秋繁露注》、蘇輿的《春秋繁露義證》和今人鍾肇鵬主編的《春秋繁露校釋》等。

〔註16〕紀昀：《四庫全書總目提要‧卷二十九‧春秋類‧附錄》，《四庫全書總目提要》第一冊，石家莊：河北人民出版社，2000年，第776頁。

第二節 清代常州學派〔註17〕的「董氏學」研究

「瑳人申受出方耕，孤緒微茫接董生」——此爲清末學者夏曾佑寫給梁啓超的詩中的兩句〔註18〕，這兩句詩十分生動的揭示了清代今文經學派的起源、傳承關係，及其深受「董氏學」影響的歷史事實。清代中期，當乾嘉漢學如日中天之時，今文經學做爲傳統經學中的一支，在衰落多年之後出現了復興的局面，頗受當時和後世學者的關注。

關於今文經學在清代中期復興的原因，學界有著不同的解釋和分析〔註19〕。已有的解釋和分析，多從社會發展、階級矛盾與鬥爭、區域文化環境、家族脈絡關係、學者個人或群體的經歷與價值取向等多方面來分析。應該說，這些分析在一定範圍內，都有其合理性。不過，上述這些分析大多屬於「外

〔註17〕 「常州學派」這一概念包含的學人範圍廣、持續的時間也很長。清代的嘉道時期。就常州學人群體而言，並非僅有今文經學一派，張惠言、董士錫的虞氏《易學》研究、惲敬、張惠言、李兆洛等人的陽湖文派等等。因此，常州學派與常州今文經學派並非一個概念。梁啓超在論及常州學派時曾經說過「常州派有兩個源頭，一是經學，二是文學，後來漸合爲一。他們的經學是《公羊》家經學，用特別眼光去研究孔子的《春秋》，由莊方耕（存與）、劉申受（逢祿）開派。他們的文學是陽湖派古文，從桐城派轉手而加以解放，由張皋文（惠言）、李申耆（兆洛）開派。」（見梁啓超：《中國近三百年學術史》，《梁啓超論清學史二種》，上海：復旦大學出版社，1985年，第119頁。）因此，就嘉道之時而論，常州今文經學派是指以研究春秋公羊學爲主要學術經歷的學者，其主要代表人物爲莊存與、劉逢祿、宋翔鳳等，而與之相關聯的還有莊述祖、孔廣森、莊授甲、戴望、陳立等人。龔自珍、魏源雖非常州籍，但深受劉逢祿今文經學的影響，也可算作是常州學派的後續。

〔註18〕 瑳人，龔自珍；申受，劉逢祿；方耕，莊存與；董生，董仲舒。見梁啓超：《清代學術概論》，《梁啓超論清學史二種》，上海：復旦大學出版社，1985年，第61頁。

〔註19〕 關於清中葉今文經學復興的原因，徐立望曾對學界的四種觀點進行過總結，一爲章太炎、劉師培等認爲常州多文人，而文人喜文辭比興，擅長發揮比附，與今文經合拍。二是楊向奎、吳澤等人的社會矛盾說。他們認爲社會矛盾導致思想的轉變。莊、劉所處的年代正直封建社會遭受危機，內部的資本主義萌芽已在滋長，有識之士爲了應付社會危機，求助於公羊學，進而引起公羊學復興。三是劉桂生認爲莊存與的公羊學說具有「講義」的性質，莊氏所撰《味經齋遺書》中的著作，是其教學皇子的筆記基礎上形成的，因而今文經學的興起與莊存與的教學活動有著密切關係。四是艾爾曼提出「今文經學的崛起，是士大夫們爲消除危害儒家政治文化的和珅之害努力的一部分。莊存與轉向今文經學，是因爲與和珅鬥爭失敗後回鄉著書，假借經典外衣，表達對和珅的不滿。見徐立望：《嘉道之際揚州常州區域文化比較研究》，杭州：浙江大學出版社，2007年，第161～164頁。

在原因」分析,而學術史的發展原因與動力,除了離不開外部社會環境的影響與推動外,還有其學術發展自身的特點,因而也就必須注重「學術理路」內在的衍變與發展。否則,僅僅依賴「外在原因」,我們就無法解釋,在東漢以後曾多次面臨如嘉道時期的傳統社會危機,但並未引發今文經學的復興,且嘉道之時社會變動尚未明顯,還未到晚清時期「數千年來未有之大變局」的局面。同理,文人喜歡附會比興,擅長發揮比附的,在歷史上也是十分常見的現象,而至於個人經歷或家學背景,在歷史上也並非常州莊、劉家族所獨有,而以「經世致用」思潮的興起來解釋今文經學的興起,則「漢學」、「宋學」乃至「諸子之學」莫不講求經世,而非今文學派所獨有的精神。所以,這些不能單獨構成今文經學興起的主要原因。因此,今文經學的興起,就離不開對「學術理路」探究的「內在分析」。

近年來注重從乾嘉時期學術史發展的內在關係來探討今文經學興起的原因,已經取得了一定的成果,較有代表性的就是羅檢秋從清代的「漢宋關係」來看今文經學的興起。〔註20〕他認為,乾嘉漢學鼎盛之時,漢宋對峙更加凸顯,但因尋求義理的內在需要,其中又滋長著調融宋學的潛流。漢、宋之學陷入困境,士人乃日益從今文經中發掘「微言大義」,今文經學因之興起並在晚清經世致用及漢學義理化趨向中發展起來。以清代的「漢宋關係」衍變來解釋今文經學的興起,論述「漢宋調融」推動了對經學義理的探究,因此導致今文經學復興,顯然很具新意。不過,從另一方面看,「漢宋關係」的嬗變仍屬於今文經學「學術理路」以外的影響,是今文經學學術體系的「外圍」。而今文經學在漢代成為顯學,其學派本身形成了一套成熟完整的思想理論體系、經學傳授體系、經學解釋方法,其完整性和成熟性並不遜色於漢學和宋學。從政治思想層面來看,今文經學注重闡發「大一統」、「張三世」、「通三統」、「以陰陽災異說政治」的基本政治理念和「天人感應」、「應天改制」的政治哲學;從經學傳授來看,漢代今文經學十分注重「師法」和「家法」,有著非常嚴密的經學傳承體系;從經學解釋方法來看,今文經學講求「微言大義」的解經方法,注重通過「義例」、「名辭」的解釋來闡發公羊學的理念和主張。這些方面都與漢學、宋學有著巨大差異。此外,今文經學自東漢以後,其傳承中斷了一千餘年,清代復興的今文經學又是如何接續漢代今文經學的

〔註20〕羅檢秋:《從清代漢宋關係看今文經學的興起》,《近代史研究》,2004 年第 1 期。

思想與內容的呢？如果不從今文經學內部體系的發展脈絡與聯繫來分析，恐怕會有很多問題難以得到解答。

那麼，這個「學術內在理路的發展脈絡」又是什麼呢？這就是漢代與清代今文經學所共有的思想理論和經學解釋方法。而相隔一千餘年的兩個時期的今文經學，如何實現「脈絡」的連接，就必須對公羊學發展的兩個重要人物及其學術思想進行分析，這兩個人物就是西漢的董仲舒和東漢的何休。這樣，從今文經學「內在脈絡」的角度分析今文經學的興起，則清代學者如何看待和研究漢代董仲舒的公羊學研究，就成為一個值得關注的問題。同時，今文經學在晚清的復興，使得「董氏學」在沉寂多年之後，也隨之引起學者的注意。然而，清代中期，學者對於「董氏學」的重新關注，卻與當時的學術環境有著密切的關係，而表現出獨特的路徑和方式。

一、考據與義理——「董氏學」重回學人視野的方式

清代中期「董氏學」重新被人們提起和重視，是從對《春秋繁露》的注釋、整理、刊刻開始的。如前所述，在官修《四庫全書》中，《春秋繁露》並未受到重視，僅被列在附錄中，《四庫全書總目》對其評價也不高。不過，在清中期，學術界已開始關注《春秋繁露》一書，當時對《春秋繁露》整理和注釋較有成效的是盧文弨和凌曙。乾隆時，盧文弨據四庫本重校，間下案釋，是為報經堂本，後來梁啟超認為這是當時的最善本。〔註21〕而凌曙所注的《春秋繁露注》十七卷，是清代《春秋繁露》首次以專注本的形式出現，且凌曙本身治學也有今文經學的傾向，除了《春秋繁露注》之外，還有《春秋公羊禮疏》、《公羊禮說》、《公羊答問》等書。在洪梧為凌曙《春秋繁露注》所作的序中，我們可以看到凌曙注書的動機，洪梧曾主講梅花書院，以公羊通禮、詩經通禮課業諸子。時凌曙以所著四書典故復進，洪梧見其好學窮經，精心求古，曾對之言「董仲舒之《春秋繁露》，傳授公羊，該通經禮，此春秋公羊之學也。《繁露》一書，未有箋釋，不熟公羊者則不能讀《繁露》，而妄臆為贗，作業幾廢矣。子其有心於是乎？」〔註22〕得到洪梧的建議後，凌曙「由是卒業公羊，並讀《繁露》。」此後，凌曙到了京師，入阮元幕，幫助整理經

〔註21〕梁啟超：《清代學者整理舊學之總成績》，北京：商務印書館，2003年，第74～75頁。

〔註22〕凌曙：《春秋繁露注》，北京：中華書局，1975年，第607頁。

籍，阮元也曾對其說「聖經賢傳論修齊治平者備矣，大都不外河間獻王一語，實事求是而已。而事之是非孰有大於春秋者乎！公羊孤經，久成絕學。以子精力強盛，曷不盡心。先師有言，朝聞道，夕死可矣，況來日未有艾乎。」〔註23〕正是在洪梧、阮元二人的勸導和推動下，淩曙轉而關注董仲舒及其《春秋繁露》。《清代樸學大師列傳》記載他於阮元處「得盡觀魏晉來諸家春秋說，深念春秋之義存於公羊，而公羊之學傳自董子繁露一書」遂作有《春秋繁露注》十七卷。〔註24〕淩曙通過對《春秋繁露》的注釋和研究，也深爲服膺董仲舒之於公羊學的歷史功績：「深念《春秋》之義存於《公羊》，而《公羊》之學傳自董子。董子《春秋繁露》識禮義之宗，達經權之用，行仁爲本，正名爲先，測陰陽五行之變，明制禮作樂之原，體大思精，推見至隱，可謂善發微言大義者。」〔註25〕盧文弨和淩曙整理和注釋《春秋繁露》，只是旁引《白虎通義》、《考工記》、《廣雅》、《淮南子》、《爾雅》、《說文解字》、《周禮》、《史記》、《漢書》、《易傳》等先秦和漢代史籍，對文字、地名、器物等進行解釋和校勘，很少發揮個人意見進行議論，這也與乾嘉漢學整理校勘古籍的方式相一致。而這種對董仲舒著述的注釋，給後來學者研究和闡發董仲舒學說提供了文獻基礎。

另一方面，一些學者通過借助漢代董仲舒、何休等人的學說，直接對公羊學的義理進行研究和闡發，其中最爲重要的是莊存與和劉逢祿的春秋公羊學研究。莊存與的《春秋》學著作有三種：《春秋正辭》十一卷，《春秋舉例》一卷、《春秋要旨》一卷，都被收入到阮元主編的《皇清經解》中，其中以《春秋正辭》最爲重要。劉逢祿的《春秋》學著作主要有《春秋公羊經何氏釋例》十卷、《公羊春秋何氏解詁箋》一卷、《發墨守評》一卷、《穀梁廢疾申何》二卷、《左氏春秋考證》二卷、《箴膏肓評》一卷。此外，還有《論語述何》二卷，雖然不是專論《春秋》的作品，卻與公羊學關係十分密切。

〔註23〕洪梧：《春秋繁露注序》，見淩曙注《春秋繁露》下冊，北京：中華書局，1975年，第607～608頁。

〔註24〕支偉成：《清代樸學大師列傳》上冊，長沙：嶽麓書社，1986年，第210～211頁。

〔註25〕王鍾翰點校：《清史列傳》卷六十九《淩曙傳》，《清史列傳》第十八冊，北京：中華書局，第5612頁。

二、「董氏學」復興的「學術理路」分析

（一）對董仲舒歷史地位和學術成就的肯定與讚揚

　　雖然董仲舒在儒學發展史上有著重要地位，但在清中葉之前，學界內部宗漢學者尊奉東漢的馬融、鄭玄、許慎、服虔，宗宋學者尊奉程、朱，在一般學者看來，董仲舒在儒學發展史上是無法與上述人物相比的。而這種情況，是從常州的今文經學者開始發生改變的。在常州今文經學派中，大張公羊學旗幟的當屬劉逢祿。劉逢祿在《公羊春秋何氏釋例》序中，公開稱讚董董仲舒：「大儒董生下帷三年，講明而達其用，而學大興，故其對武帝曰非六藝之科，孔子之術者，皆絕之弗使復進。漢之吏治術彬彬乎！近古者董生治《春秋》倡之也。胡毋生雖著條例而弟子遂者絕少，故其名不及董生，而其書之顯亦不及《繁露》。」〔註26〕劉逢祿在介紹自己的學術經歷時說：「祿束髮受經，善董生、何氏之書，若合符節，則嘗以學者莫不求知聖人。聖人之道備乎五經，而春秋者，五經之莞鑰也。」他十三歲那年，「嘗讀《漢書・董仲舒傳》而慕之，乃求得《春秋繁露》，益知為七十子微言大義，遂發憤研《公羊傳何氏解詁》，不數月，盡通其條例」〔註27〕承認自己年少授業之時，就深受董仲舒、何休經學思想的影響。

　　在尊今文經的同時，劉逢祿還對漢代古文經學者發難，如對於鄭玄的責難最為典型。他所著的《申廢疾》和《廣廢疾》中多處指責鄭玄的《起穀梁廢疾》。劉逢祿對古文經的重要經典《左傳》進行批評，他著有《左氏春秋考證》，謂：「此書本名《左氏春秋》，不名《春秋左氏傳》，與《晏子春秋》、《呂氏春秋》同性質，乃記事之書，非解經之書；其解經者，皆劉歆所竄入，《左氏傳》之名，亦劉歆所偽創。」〔註28〕劉逢祿對《左傳》的解經作用持否定態度，其原因在於受到「董氏學」的影響。他說「余年十二讀《左氏春秋》，疑其書法是非多失大義。繼讀《公羊》及董子書乃恍然於《春秋》非記事之書，不必待左氏而明。左氏為戰國時人，故其書終三家分晉，而續經乃劉歆妄作也。」而此說影響甚大，自劉逢祿著書攻《左傳》之偽後，辨偽古文經經典

〔註26〕劉逢祿：《公羊春秋何氏釋例》，《清經解》第七冊，上海書店，1988 年，第370 頁。

〔註27〕劉承寬：《先府君行述》，《劉禮部集・卷十一附》，光緒十八年刻本。

〔註28〕梁啓超：《清代學術概論》，《梁啓超論清學史二種》，上海：復旦大學出版社，1985 年，第 62 頁。

在晚清蔚然成風，之後不久就有魏源著《詩古微》和《書古微》，《詩古微》攻《毛傳》，《書古微》則不僅認爲東晉梅賾的《古文尚書》爲僞，東漢馬融、鄭玄的古文研究，也不可靠。邵懿辰則把辨僞的矛頭對準了古文禮經，認爲今文《儀禮》十七篇爲足本，而所謂古文《逸禮》三十九篇，是劉歆的僞造。在這一攻「古文僞經」的浪潮下，康有爲作《新學僞經考》，完全否定古文經的眞實性。當然，康氏這一做法，很大程度緣於政治因素，而非純粹的學術考證，但清代的疑古之風和辨僞盛行，卻是康有爲敢於全盤否定古文經的一個學術背景。

（二）對董仲舒「微言大義」的秉承，引《論語》以證《公羊》

《論語》是記載孔子及其弟子言行的典籍，在研究孔子思想中具有舉足輕重的地位和作用，宋代理學大興，《論語》成爲「四書」之一，地位日益顯赫。不過，在漢代，《論語》的地位尚不能與五經相匹敵，而只是做爲論述五經的附證材料。董仲舒在《春秋繁露》的《竹林》、《精華》、《玉杯》、《玉英》等篇中，大量引用《論語》中的章句來論述公羊之學。如「道千乘之國，敬事而信」、「管仲之器小哉」、「當仁不讓」、「大德不逾閑，小德出入可也」、「禮云禮云，玉帛云乎哉」、「政逮於大夫四世矣」等，以證《春秋》之義。

在清代今文經學的發展中有一個現象，即很多今文經學家或者對今文經學有所研究的學者，都有利用《論語》來解釋和論述「公羊學」義理的傾向。如劉逢祿的《論語述何》、宋翔鳳的《論語說義》、戴望的《戴氏注論語》、劉恭冕的《何休論語注訓述》、王闓運的《論論語》、俞樾的《何邵公論語義》、廖平的《論語發微》與《論語彙解凡例》、康有爲的《論語注》等。儘管這些著作中，很多是以《春秋公羊傳》來注釋《論語》，但從其目的和內容上看，卻是爲了以《論語》來論證春秋公羊學的有關思想。這種現象在晚清時也引起學者的注意，如葉德輝說「公羊家以《論語》證《春秋》，始於何休之傳注，近儒如劉申受、宋于庭、戴子高竭力開通，幾於《論語》、《春秋》可以存一廢一。」〔註29〕不過，何休的《論語注》並未流傳下來，他對《論語》的研究，只是在《後漢書·儒林傳》中有所記載，而董仲舒對《論語》的引用，則在《春秋繁露》中有明確體現。因此，儘管上述清代學者的著述涉及到何

〔註29〕葉德輝：《葉吏部與段伯猷茂才書》，《翼教叢編》，上海書店，2002 年，第 182 頁。

休引證《論語》以證公羊的說法，但更直接的影響還是來自於比何休更早的董仲舒著述中對《論語》的引用，其中，在常州今文學派的學者中，受影響最深的當為劉逢祿。

劉逢祿作《論語述何》，其形式是先引述《論語》中的章句，然後用自己的觀點加以引申、闡釋和說明，與董仲舒在《春秋繁露》中引用《論語》的目的相同，就是以此凸顯孔子與《春秋》的關係，突出《春秋》在五經中的作用。例如，他解釋《論語・述而》中「子曰：『述而不作，信而好古，竊比於我老彭』」一句時，在下面解釋說「此篇類記夫子刪定六藝之言，《易》、《詩》、《書》、《禮》，皆述古者也。《春秋》夫子所作，亦謙言述者，其義亦祖述堯舜，憲章文武也。」〔註30〕

劉逢祿作《論語述何》的一個主要原因，就是認為《論語》中存在著孔子的微言大義，並可以此來為《春秋》中的孔子思想提供證據。他說「《論語》總六經之大義，闡《春秋》之微言」，「凡《論語》與《春秋》相表裏者，皆聖人口授之微言，不著於帛者也。」〔註31〕既然《論語》和《春秋》（實際指的是《春秋公羊傳》）互為表裏，那麼《公羊傳》就在諸經中居於主導地位了。例如，劉逢祿根據《論語・公冶長》中「夫子之文章可得而聞也，夫子之言性與天道不可得而聞也。」一句，發揮為「文章謂《詩》、《書》執禮，性與天道微言也，《易》、《春秋》備焉。難與中人以下言也」〔註32〕，進而論述《論語》的章句中包含有可以解釋《春秋》中微言大義的內容。又如，《春秋》中有「異內外」之義，劉逢祿從《論語・雍也》中找到相似的意思：「子貢曰：『如有博施於民，而能濟眾，何如？可謂仁乎？』子曰：『何事於仁，必也聖乎？堯舜其猶病諸！夫仁者，己欲立而立人，己欲達而達人，能近取譬，可謂仁之方也』」。劉逢祿認為，這段對話含有《春秋公羊傳》異內外之義，他解釋說：「《春秋》錄內而略外，必先正君，以正內外，所謂取譬不遠也。」此外，劉逢祿認為，《論語》中的「三人行，必有我師焉」、「躬自厚而薄責於人」等章句，都含有「異內外」的公羊學微言。

回溯經學發展的歷史，我們在《春秋繁露》中，就可以看到這種引《論語》以解經的方法之端倪。《春秋繁露》中多處引用《論語》章句，並以此來

〔註30〕 劉逢祿：《論語述何》，《劉禮部集》卷二，光緒十八年刻本。
〔註31〕 劉逢祿：《論語述何》，《劉禮部集》卷二，光緒十八年刻本。
〔註32〕 劉逢祿：《論語述何》，《劉禮部集》卷二，光緒十八年刻本。

論證春秋公羊學的權威性。《春秋繁露》的開篇《楚莊王》一章中有「無為而治者，其舜乎」，出自於《論語・衛靈公》：「無為而治者，其舜也與？」董仲舒引用此句，用以論述公羊學中「王者改制」的含義，董仲舒認為，「王者改制」的原因是「所謂新王必改制者，非改其道，非變其理，受命於天，易姓更王，非繼前王而王也，若一因前制，修故業，而無有所改，是與繼前王而王者無以別。」〔註33〕而改制的內容則是：「今天大顯已，物襲所代，而率與同，則不顯不明，非天志，故必徙居處，更稱號，改正朔，易服色者，無他焉，不敢不順天志，而明自顯也。」不過，改制中也有必須堅持而不改的，這就是董仲舒所謂的「道」，如他所說「若夫大綱，人倫道理，政治教化，習俗文義盡如故，亦何改哉！故王者有改制之名，無易道之實。」〔註34〕而董仲舒所舉例的「無為而治者，其舜乎」，並非說舜無所作為，也不否認舜有改制的活動，而是說明舜的「無為而治」是不改變其前任堯的「親民、惠民」的政策，即董仲舒所說的「言其王堯之道而已，此非不易之效與！」諸如此類的以《論語》中的微言大義解釋《春秋》義理的事例，在《春秋繁露》中有很多。

劉逢祿以《論語》章句論述春秋微言大義，帶有一定的牽強附會、穿鑿牽引的特點，表現為有時不顧語意、語境，更無翔實的考證，而按照自己的意圖解釋《論語》的相關章句。因此，劉逢祿的《論語述何》的學術質量，頗受當時及後來學者的懷疑和詬病。尊奉古文經學的學者，更是對之嗤之以鼻。誠然，與當時還勢力強大的乾嘉漢學相比，《論語述何》談不上是嚴謹的學術著作，其最大特點是在於「自為立說」，以微言大義的方式來解釋傳統經籍，而與漢學講求考據、宋學講求義理的方法都有所不同。這種方法在一定程度上促進了經學解釋突破傳統與成見，能夠和現實結合起來，實現思想與學術的創新，突破固有學術藩籬，為晚清的今文經學開拓一新境界。當然，其弊端則在於牽強附會造成的治學嚴謹之風的破壞。這種方法在此後深刻的影響了龔自珍、魏源、康有為、廖平、皮錫瑞等人。

〔註33〕董仲舒：《春秋繁露・楚莊王》，《董仲舒集》，2003年，北京：學苑出版社，第40頁。

〔註34〕董仲舒：《春秋繁露・楚莊王》，《董仲舒集》，2003年，北京：學苑出版社，第40頁。

（三）對董仲舒「大一統」、「張三世」、「通三統」等政治思想的解說

對於董仲舒的政治思想，常州今文學家進行了有區別的闡揚。例如，董仲舒為了適應漢代社會特點，在《春秋繁露》中有大量的讖緯神學、陰陽災異以及一些祭祀消災等具體觀點，由於時代變遷，一些內容已難以被後世所接受，因此被他們提及和闡述的較少。而對於「大一統」、「張三世」、「通三統」等仍對社會發展有重要影響，並在當時社會仍有重要意義的思想，則進行了重點論述。

「大一統」。關於「大一統」的思想，莊存與在《春秋正辭》的第一卷《奉天辭》中曾進行了解說：「公羊子曰：何言乎王正月？大一統也。記曰：天無二日，地無二主，國無二君，家無二尊，以一治之也。子曰：吾說夏禮，杞不足徵也；我學殷禮，有宋存焉；吾學周禮，今用之，吾從周……《春秋》所以大一統者，六合同風，九州共貫也。」〔註 35〕而在論述時又重點引述了董仲舒在《天人三策》中的觀點：「董生曰：《春秋》大一統者，天地之常經，古今之通誼也。今師異道，人異論，百家殊方，指意不同，是以上無以持一統，法制數變；下不知所守。臣愚以為諸不在六藝之科孔子之術者，皆絕其道，勿使並進。邪辟之說滅息，然後統紀可一而法度可明，民知所從矣。」〔註 36〕由此可以看出，莊存與認識到「大一統」理論是董仲舒論述《春秋》政治思想的核心價值觀念。

大一統思想的起源在於那裡呢？「一」或「元」的含義是什麼？董仲舒和何休都認為源自於《春秋》，莊存與因此引證董、何關於「大一統」來源的解釋：「何休曰：政莫大於正始，故春秋以元之氣正天之端，以天端正王之政，以王之政正諸侯之即位，以諸侯之即位正境內之治。諸侯不上奉王之政則不得即位，故先言正月而後言即位，政不由王出則不得為政，故先言王而後言正月。王者不承天以制號令，則無法，故先言春而後言王。」「董仲舒曰：臣謹案春秋謂一元之意，一者萬物之所從始也。元者，辭之所謂大也。謂一為元者，示大始而欲正本也。春秋深探其本而反自貴者始。」〔註 37〕莊存與不

〔註35〕莊存與：《春秋正辭・奉天辭第一》，《清經解》第二冊，上海：上海書店，1988年，第 781 頁。

〔註36〕莊存與：《春秋正辭・奉天辭第一》，《清經解》第二冊，上海：上海書店，1988年，第 781 頁。

〔註37〕莊存與：《春秋正辭・奉天辭第一》，《清經解》第二冊，上海：上海書店，1988年，第 782 頁。

止於簡單引用董、何的敘述,而是在此基礎上對「大一統」理論提出自己的看法。他在接下來的「按語」中指出「元年正月,辭不自《春秋》始,曾子曰『眾信弗主』,春秋得主之者,道在故也。《尚書》著而弗備也,魯史繫而弗敢有也,其餘則僭而亂也。不使《春秋》主之者,亂之大者也。《孝經》曰『非聖人者無法』。」〔註38〕莊存與在這裡是在董、何的基礎上,進一步闡釋「大一統」的思想和來源,並突出《春秋》在五經中的特殊地位。

「張三世」和「通三統」。「張三世」,是公羊學的重要政治理論,「三世說」最早形成於《公羊傳》,在解釋《春秋》隱公元年、桓公二年、哀公十四年這三處經文時,提出了「所見異辭,所聞異辭、所傳聞異辭」的提法。董仲舒是較早提出和解釋「三世說」的公羊學者,他在《春秋繁露·楚莊王》中說:「《春秋》分十二世爲三等:有見,有聞,有傳聞;有見三世,有聞四世,有傳聞五世。故哀、定、昭,君子之所見也;襄、成、文、宣,君子之所聞也;僖、閔、莊、桓、隱,君子之所傳聞也。所見六十一年,所聞八十五年,所傳聞九十六年。」〔註39〕而對於「三世」的歷史,董仲舒認爲《春秋》的記錄態度是不一樣的:「於所見微其辭,於所聞痛其禍,於所傳聞殺其恩」〔註40〕由於時間的遠近,其影響不同,因此在記載上有詳略的不同。不過,董仲舒對於「三世說」論述的還比較簡略,對於這一思想進一步完備是何休。何休繼承了董仲舒關於「三世」的時間劃分,以及歷史撰述書法的差異,他的創見在於提出了與「三世」相對應的「衰亂世、昇平世、太平世」的理論:「於所傳聞之世,見治起於衰亂之中,用心尚粗糙,故內其國而外諸夏;先詳內而後治外;錄大略小;內離會書,外離會不書是也。於所聞之世,見治昇平,內諸夏而外夷狄,書外離會,小國有大夫……至所見之世,著治太平,夷狄進至於爵,天下遠近小大若一,用心尤深而詳。」〔註41〕何休在這裡所構建的「衰亂世——昇平世——太平世」這一體系,在實踐中顯然不可能與《春秋》所記的二百多年的歷史相對應,而只是一種假託,只是對於

〔註38〕莊存與:《春秋正辭·奉天辭第一》,《清經解》第二冊,上海書店,1988年,第784頁。

〔註39〕董仲舒:《春秋繁露·楚莊王》,《董仲舒集》,北京:學苑出版社,2003年,第38～39頁。

〔註40〕董仲舒:《春秋繁露·楚莊王》,《董仲舒集》,北京:學苑出版社,2003年,第39頁。

〔註41〕何休:《春秋公羊傳注疏》,上海:上海古籍出版社,1990年,第24頁。

人類社會發展規律的一種「終極」假設。這種假設最大的意義不在於它是否能在現實的歷史發展中找到依據，而是提出了一種歷史進化的觀念，這種觀念對於後世有著深遠的影響。一千多年之後，劉逢祿在《公羊何氏解詁》中，對董、何的「三世說」進行了繼承和發展，進一步解釋了爲什麼要把「十二世」分爲「三等」：「傳曰：親親之殺，尊賢之等，禮所生也。《春秋》緣禮義以致太平。用坤乾之義，以述殷道；用夏時之等，以觀夏道。等之不著，義將安放？故分十二世以爲三等。」〔註42〕劉逢祿還進一步解釋孔子作《春秋》的本意在於「愀然以身任萬世之權，灼然以二百四十二年著萬世之治，且曰其或繼周者，雖百世可知也」，意爲孔子是用《春秋》所載之二百四十二年爲天下後世立法。這樣，劉逢祿就將從孔子到董仲舒以至於何休對「公羊傳」中「張三世」的解釋進行了歸納，這爲後來康有爲利用董仲舒等人的「三世說」，並在此基礎上加以發揮，運用這種「歷史進化」理論來重新詮釋今文經，爲其學術和政治目的服務打下了基礎。

與「張三世」說密切相關的是「通三統」理論。所謂「三統」指的是黑統、白統、赤統，指歷代王朝在制度方面循環採用黑、白、赤三種時尙。董仲舒認爲，每一個新王朝取代舊王朝後，都要按照三統論進行制度改革。即「改正之義，奉元而起，古之王者受命而王，改制、稱號、正月服色定，然後郊告天地及群神，遠追祖禰」〔註43〕。到了東漢，何休對於「三統說」又有了新的發揮，將其推衍爲「新周、故宋、以《春秋》當新王」。劉逢祿在《公羊何氏釋例》中專門有《通三統例》來對「三統說」進行發揮，他舉了《春秋》所記桓公三年春正月發生的一件事情：「無王者見，桓公無王而行也，二月非周之正月，所以復去之者，明《春秋》之道亦通於三王，非主假周以爲漢制而已。」劉逢祿在下面加的按語是「在漢言漢，即傳所云制《春秋》之義以俟後聖也」〔註44〕以此說明「通三統」的意義，並不是簡單的將王朝的「統系」做排列，而是爲後代「製法」，即爲後代的統治提供借鑑和依據。「通三統」之說，對於統治者的意義在哪裏呢？劉逢祿引述孔子之言，並加以發

〔註42〕劉逢祿：《春秋公羊經何氏釋例・張三世例第一》，《清經解》第七冊，上海書店，1988年，第371頁。

〔註43〕董仲舒：《春秋繁露・三代改制質文》，《董仲舒集》，北京：學苑出版社，2003年，第160頁。

〔註44〕劉逢祿：《公羊何氏釋例・通三統例》，《清經解》，上海書店，1988年，第371頁。

揮：「釋曰：昔顏子問爲邦，子曰『行夏之時，乘殷之輅，服周之冕』，終之，曰『樂則韶舞』。蓋以王者必通三統而治，道乃無偏。而不舉之處，自後儒言之，則曰『法後王』自聖人言之則曰『三王之道，若循環，終則復始，窮則反本』非僅明天命所授者博，不獨一姓也。夫正朔必三而改，故《春秋》損文而用忠，文質必再而復。故《春秋》變文而從質，受命以奉天地。」〔註45〕此意在說明公羊學的「三統論」旨在論述歷史變化的循環往復，做爲統治者要遵循其變化的規律，「三統「理論，在《春秋》中有著重要地位。綜上可以看出，劉逢祿認爲，理解「通三統」的精髓，是要把握住「變異」的觀點，而由此引申出來的，就是要「應時而改制」，以適應社會的發展。

（四）對董仲舒經學解釋學的繼承和發展

董仲舒的經學解釋學方法，其特點在於運用「天人感應、災異譴告」等理論來闡釋其政治主張，並通過對《春秋》中所記載的歷史事例進行解說來闡述其中所蘊涵的政治思想，並通過「深察名號」，以名號和辭指來宣揚公羊學中所體現的「微言大義」。常州學派對這些經學解釋學方法都有所繼承和發展。

1、以「天人感應、災異譴告」來解釋《春秋》

對於董仲舒的解經方法，常州今文學派多有繼承和發展。而莊存與和劉逢祿在運用董仲舒經學解釋學的時候，表現出不同的取向。莊存與引用董仲舒的觀點解釋公羊學，更多的繼承了董仲舒宣揚天人感應、附會陰陽災異的特點。在《春秋正辭·奉天辭》一卷中，所引董仲舒論述共 25 處，大多是關於董仲舒以陰陽災異說政治的內容，其中多爲解釋天人感應、災異譴告等思想。莊存與將《春秋》中記載的歷次災異進行了排列，將董仲舒、劉向、何休等人對災異譴告的解釋羅列於後，例如，《春秋》所記魯昭公十八年，宋、衛、陳、鄭四國發生火災，莊存與在此引董仲舒的解釋：「董仲舒以爲象王室將亂天下莫救，故災四國言亡四方也。又宋衛陳鄭之君皆荒淫於樂，不恤國政與周室同。行陽失節則火災出，是以同日災也。」〔註46〕以天人感應和災異譴告解釋《春秋》中的災害現象，雖然今天看來荒誕不經，但這卻是董仲

〔註45〕劉逢祿：《公羊何氏釋例·通三統例》，《清經解》，上海書店，1988 年，第 372 頁。

〔註46〕莊存與：《春秋正辭·奉天辭第一》，《清經解》第二冊，上海書店，1988 年，第 784 頁。

舒所開創的今文經學的重要解經方法，其根本目的在於以「陰陽災異」這種在當時社會有著重要影響力，對人的思想有著相當震懾作用的學說，在一定程度上對王權進行制約。所以，莊存與將《奉天辭》列為第一，而將《天子辭》列為第二，強調天子要「奉天而治」，其目的就在於此。劉逢祿在其《春秋公羊何氏釋例》最後一卷《災異例第三十》也談到了陰陽災異和政治的關係，但並非是全書的主旨。

2、對公羊學「釋例」的解釋

其中劉逢祿的《公羊何氏釋例》一書最為典型，他發揮了董仲舒、何休的觀點，將何休的《春秋公羊解詁》的注文做了深入整理，總結成三十個「釋例」，即有關公羊學說三十個方面的問題，進而說明公羊學是有義理、有例證、自成體系的學說，這推動了公羊學在嘉道時期的復興。梁啟超對該書有較高評價，「凡何氏所謂非常異義可怪之論，如『張三世』、『通三統』、『紲周王魯』、『受命改制』諸義，次第發明。其書亦用科學的歸納研究法，有條貫，有斷制，在清人著述中，實最有價值之創作。」〔註47〕雖然梁啟超對劉氏的著作評價有溢美之言，但《公羊何氏釋例》在解經方法上，對於後來的今文學學者，確有重要啟示，康有為的公羊學著作，在經學解釋方法上，受劉逢祿的影響頗多。

3、「名號論」

董仲舒主張「深察名號」，他說「號凡而略，名詳而目。目者偏辨其事也，凡者獨舉其大也。」〔註48〕名號的運用對於申明公羊學的微言大義意義重大。公羊學講求名辭稱謂，劉逢祿對此十分重視，《公羊何氏釋例》專門列有《名例》一卷，來解釋「名號」在公羊學中的意義。劉逢祿引用《論語》中孔子的言論：「昔子路問為政，子曰『在正名，名不正則政事不成，禮樂不興則刑罰不中』」，劉逢祿接著指出，「然則辨名正分莫著於《春秋》，《春秋》上刺王公，下譏大夫，而逮士庶人則爵等之數尤所汲汲也。」〔註49〕說明春秋公羊學的功能在於政治批判與評價，即所謂的「一字而寓褒貶」，這深受「董氏學」

〔註47〕梁啟超：《清代學術概論》，《梁啟超論清學史二種》，上海：復旦大學出版社，1985年，第61頁。

〔註48〕董仲舒：《春秋繁露·深察名號》，《董仲舒集》，北京：學苑出版社，2003年，第227頁。

〔註49〕劉逢祿：《公羊何氏釋例·名例第五》，《清經解》第七冊，上海書店，1988年，第381頁。

的影響，劉逢祿在卷中對這種「政治褒貶」與董仲舒的關係也有提及，「司馬遷述董生之言曰『春秋者禮義之大宗也』，主於辨是非，故長於治人，撥亂世反之正，非唯禁暴討賊而已」〔註50〕。因此，「名號」的功能在於分辨政治是非，確立善惡標準。而「名號」的運用則自有其一套原則，如何通過名號來「褒貶是非」呢？劉逢祿接下來再次引證董仲舒的觀點加以解釋，「董子云，悖亂之微，細惡不絕之所致，故《春秋》記讖芥之失反之王道。傳曰『內小惡書，外小惡不書，言自近者始也』」。可見，這種「褒貶善惡」的做法是要在政治上做到「防微杜漸」，以實現儒家「德治仁政」的政治理念。「名號」的運用具有一套十分嚴格的規範，所用名號不同，表達的政治觀點和態度就有顯著的差異，有時候甚至達到繁瑣的程度。劉逢祿引述了《春秋》中的一個事例，莊公十年「荊敗蔡師於莘，《傳》：荊，州名也，州不若國、國不若氏、氏不若人、人不若名、名不若字、字不若子。注：因周本有奪爵稱國氏人名字之科，故加州文備七等以進退之」〔註51〕這裡，對人的稱呼，由「州、國、氏、人、名、字、子」，是由低到高。荊，州名，稱呼楚國州名，其褒貶之意躍然紙上。

劉逢祿還將對「名號」的研究應用到具體實踐當中，他任職禮部期間，清朝的藩屬越南曾有貢使入京，諭旨中有「外夷貢道」之語，越南使臣不悅，請改「外夷」爲「外藩」。禮部的官員感到很爲難，而劉逢祿則根據《周禮·職方氏》，認爲依據圍繞國都的遠近，劃分爲九服，其中「夷服」位於王畿7000里之外，「藩服」位於王畿9000里之外。因此，「藩」是指比「夷」與中國更爲疏遠的國家。所以，清朝稱越南爲「夷」體現著將其視爲更親近的藩屬的意思，這使得越南使節竟也無話可說〔註52〕。

三、常州學派「董氏學」研究的特點

（一）倡董、何之說，接續漢代今文經學者而創見有限

漢代董仲舒、何休等人的學術思想，幾乎被冷落了一千多年的時間，經

〔註50〕劉逢祿：《公羊何氏釋例·名例第五》《清經解》第七冊，上海書店，1988年，第382頁。

〔註51〕劉逢祿：《公羊何氏釋例·名例第五》，《清經解》第七冊，上海書店，1988年，第381頁。

〔註52〕王鍾翰點校：《清史列傳》卷六十九《劉逢祿傳》，《清史列傳》第十八冊，北京：中華書局，1987年，第5605頁。

過以莊存與、劉逢祿爲代表的常州今文學家的闡揚和提倡，在社會上的影響力日益提高。他們對於董、何的地位給予了很高評價：「二君者，遊於聖門，游、夏之徒也」〔註53〕，「撥亂反正，莫近《春秋》，董、何之言，受命如響，然則求觀聖人之志，七十子之所傳，捨是奚適焉！」〔註54〕通過對董仲舒、何休等人思想的重新闡述，給今文經學的復興提供了學理上的依據，並使得清代今文學與漢代之今文學的「脈絡」有了接續。就董仲舒與何休的學說相比較而言，莊存與、劉逢祿等人對於漢代今文學家的闡釋，雖也重視董仲舒的學說，但更側重於對何休學術思想的解釋。以對董、何二人著述的研究情況而言，莊、劉雖然對董仲舒評價甚高，但在具體的研究中，只限於在著述中引用董仲舒的言論觀點，而未有專門研究《春秋繁露》的著述。對於何休，則投入了更多的關注，劉逢祿對何休的《春秋公羊解詁》、《公羊墨守》、《左氏膏肓》、《穀梁廢疾》等作品，都有專門的研究著述，有一些是直接研究何休公羊學思想的，有的是反駁鄭玄對何休著作駁難的，如《公羊何氏解詁箋》、《公羊何氏釋例》、《發墨守評》、《穀梁廢疾申何》、《箴膏肓評》等。莊存與雖然並無論述何休思想的專著，但在其最重要的公羊學著作《春秋正辭》中，所引何休著述的內容要多於所引董仲舒的內容。常州今文學家對董、何二人的關注有所差距，其原因大致有二：

其一，就董仲舒與何休所處的歷史時期而言，西漢是今文經學崛起、興盛和理論與實踐上都有長足發展的時期。在這一歷史背景下，董仲舒的學說更多的與政治密切結合在一起，《春秋繁露》更多體現的是宣揚政治思想的功能，其學術研究和影響相比於政治思想的闡發和影響，是處於第二位的。

其二，就莊存與、劉逢祿等人所處的歷史時期而言，清王朝雖已走向衰落，社會動盪局面已逐漸顯現。但乾嘉時期除了地方上的白蓮教等農民起義事件外，清朝的統治還大體保持穩定，外部威脅尚未直接影響王朝的統治，康乾盛世的餘緒還有一定的殘留。因此，雖然改革也不時得到社會上有識之士的呼籲，但今文經學所大力宣揚的「改制、更化」等學說的大行其道還沒有一個更爲有利的社會環境。

仔細分析莊存與、劉逢祿等人對「董氏學」的研究，還會發現其「接續有餘而創見不足」的特點。以莊存與和劉逢祿涉及「董氏學」的最重要的著

〔註53〕劉逢祿：《論語述何》，《劉禮部集》卷二，光緒十八年刻本。
〔註54〕劉逢祿：《春秋公羊釋例序》，《劉禮部集》卷三，光緒十八年刻本。

作《春秋正辭》和《公羊何氏釋例》爲例，雖然對漢代公羊學，從董仲舒到何休的著述、思想和學術特點都有較爲深入的闡述，莊、劉對《公羊傳》中名辭、事例等做了分門別類的整理、分析，通過「正辭」與「釋例」，對於董、何所論之公羊學的「微言大義」進行了分門別類的梳理，並引用先秦及秦漢時期的典籍加以進一步解釋和推證。但他們的公羊學研究和對「董氏學」的闡述也僅限於羅列、梳理、推證和歸納，而對於今文經學理論的進一步發展、創新和推動比較有限。例如，關於今文經學的主要思想「張三世」、「通三統」、「異內外」、「改制更化」、「大一統」「義利觀」等，多局限於傳統說法的解釋，而較少結合時代特徵給予有新意的解說，更遑論創立具有自身特點的新理論。而今文經學就其生命力而言，就是要借助公羊學的文字，用「微言大義」的方式，給予其富有新意的發揮和解釋，以引發思想界的關注與思考，這是其不同於考據學的一大特色，也是其在儒學內部各學派中能夠脫穎而出的動力。囿於舊說的整理和歸納，顯然並非今文經學之所長。

另外，講求「變易性」是公羊學的突出特點，即通過「張三世」和「通三統」來宣揚歷史的進化發展以及由此主張社會的「改制」「更化」，是公羊學的精髓所在，可以成爲推動自身學術發展的內在動力，亦可成爲推動社會發展與變革的理論基礎。莊存與、劉逢祿等常州今文經學者，對於「張三世」、「通三統」等學說較爲重視，在著述中多次引用董仲舒、何休等人對此思想的論述，但對此理論的發展與創新卻十分有限。更爲重要的是，莊、劉等人所處的時代，已是中國傳統社會走向衰落，正面臨西方列強入侵的前夜，社會各種矛盾加劇，需要「改革」與「更化」的時期，但他們對公羊學的提倡，對「董氏學」的復興，卻未能和社會實際發展密切結合起來，更多的是學理上的敘述，而少經世方面的關懷。因而，就使得公羊學在清中期復興的社會影響與意義打了折扣。

（二）受乾嘉漢學治學之法的影響

此時的今文經學剛剛復興，受乾嘉漢學的影響，治今文經的學者大多有著一定的考據功底，對於古文經學並不完全排斥，今古文經之間並沒有後來的如水火冰炭般的對立。以莊存與爲例，在其最重要的今文經學著作《春秋正辭》中，除了大量引用了《公羊傳》、《穀梁傳》的內容，以及漢代今文學家董仲舒、劉向、何休的觀點外，還大量的引述《左傳》來解經。

劉逢祿的經學研究中，體現的漢學考據色彩也很明顯。劉逢祿有一篇文

章，名爲《五經考異敍》，他說：「余束髮誦經，有感於司馬文正公之言，凡讀書必先審其音，正其字，辨其句讀，然後可以求其義。」〔註55〕通過「審音正字，辨其句讀」而求經學義理，這是典型的乾嘉漢學的治學手段。此外，劉逢祿還著有《詩聲衍》二十七卷，是一部研究古韻的專集，其中廣收《毛詩》、《說文》、《廣韻》中之字，並加以訓詁解釋。劉逢祿在其《尚書今古文集解》中，自序此書的凡例，第一就是正文字，「一曰正文字⋯⋯經文之下必先審其音訓，辨其句讀，詳其衍脫，析其異同」〔註56〕不過，劉逢祿畢竟是宗今文經的學者，他只是把考據之學當作一種手段，而非奉爲宗旨。他在《春秋公羊解詁箋》中指出，所謂「章句訓詁之學」，與「求其知類通達、顯微闡幽」的董仲舒、何休之學，是不能相提並論的。

　　在具體的經學研究中，劉逢祿受到考據學影響，則是不爭的事實。例如，劉逢祿否定《左傳》是解釋《春秋》之傳〔註57〕，由於生活在乾嘉漢學尚熾之時，劉逢祿對《左傳》的攻擊，採用的也是求助於「考證」，以考據的方法來證明之，因此作《左氏春秋考證》。在此書中，他認爲劉歆篡改《左氏春秋》原文，而他證明的方法，就是與《史記》對比。如《左傳》有一段關於魯隱公、魯桓公身世的記載：「惠公元妃孟子。孟子卒，繼室以聲子，生隱公。宋武公生仲子。仲子生而有文在其手，曰爲魯夫人，故仲子歸於我。生桓公而惠公薨，是以隱公立而奉之。」而與此相關的《史記·魯世家》則記載：「惠公嫡夫人無子，公賤妾聲子生子息。息長，爲娶於宋，宋女至而好，惠公奪而自妻之，生子允。登宋女爲夫人，以允爲太子。」同一事件而《左傳》、《史記》記載存在差異，在劉逢祿看來，《左傳》所記「惠公元妃孟子」一段「非左氏舊文」，而是「比附公羊家言桓爲右媵子，隱爲桓立之文而作也」〔註58〕。

〔註55〕　劉逢祿：《五經考異敍》，《劉禮部集》卷九，光緒十八年刻本。

〔註56〕　劉逢祿：《尚書今古文集解序》，《劉禮部集》卷九，光緒十八年刻本。

〔註57〕　劉逢祿抨擊《左傳》，並不是完全否定《左傳》的歷史地位，他承認《左傳》的史學地位，但不承認其做爲解釋《春秋》的「傳」的地位。他認爲，「《左氏》詳於事，而《春秋》重義不重事；《左氏》不言例，而《春秋》有例無達例。惟其不重視，故存什一於千百，所不書多於所書；惟其無達例，故有貴賤不嫌同號，美惡不嫌同詞，以爲待貶絕不待販絕之分，以寓一見不累見之義。如第以事求《春秋》，則尚不足爲《左氏》之目錄，何謂游、夏之莫贊也；如第執一以繩《春秋》，則且不如畫一之良史，何必非斷爛之朝報也。」（劉逢祿《春秋論上》，《劉禮部集》卷三）

〔註58〕　劉逢祿：《左氏春秋考證》，《清經解》第七冊，上海書店，1988年，第435頁。

而其依據是對比了公羊傳關於此事的記載和解釋。劉歆篡改的情況，劉逢祿考證認爲：「左氏後於聖人，未能盡見列國寶書，又未聞口授微言大義，惟取所見載籍，如晉乘、楚檮杌等相錯編年爲之，本不必比附夫子之經，故往往比年闕事。劉歆強以爲傳《春秋》，或緣經飾說，或緣左氏本文前後事，或兼采他書，以實其年……或即用左氏文，而增春夏秋冬之時，遂不暇比附經文，更綴數語。要之皆出點竄，文采便陋，不足亂眞也。」〔註59〕就乾嘉漢學的考據標準和水平而言，劉逢祿的考證顯然失之於精準，且多有牽強之處，但劉逢祿以漢學之「考據」來攻擊漢學本身之經典《左傳》，實可謂「入室操戈」。而此後，魏源、邵懿辰等人攻擊古文經學經典《毛詩》、《古文尚書》、《周禮》等，都曾使用考據之法，康有爲否定一切古文經的《新學僞經考》，居然也是以「考據」的形式出現的，亦可見從另一方面說明在清代學術界，考據學對學者影響之深。

（三）會通宋學「義理」，以闡發微言大義

宋學亦稱「理學」，自南宋以來，一直是被官方所尊奉，而帶有意識形態色彩的學術。由於宋學的「四書」是明清兩代科舉考試的重要內容，加之官方的大力提倡，宋學一直是社會上很有影響力的學術派別。儘管乾嘉漢學在清代如日中天，但宋學並不甘心受到漢學的壓制，劉逢祿所處的嘉道之際，正是宋學走向復興之時。一方面，宋學不滿漢學的壓制和治學方法的瑣碎，在理論上反擊漢學，最有代表性的就是方東樹的《漢學商兌》。另一方面，宋學也吸收漢學的一些成果和長處，以實現雙方的調融。處在復興階段的今文經學，也不可避免的受到宋學的影響。例如，劉逢祿在《論語述何》中談到：「愼言行，辨邪正，著誠去僞，皆所以自治也。由是以善世，則合內外之道也。至於德博而化而君道成，《春秋》所謂大一統也……《春秋》推見至隱、舉內包外，以治纖芥之匿，亦歸於元始正本以理萬事。故平天下在誠意，未聞枉己而能正人也。《春秋》之化，極於凡有血氣之論，神靈應而嘉祥見，深探其本，結窮理盡性之所致爲治平者，反身以存誠，強恕以求仁而已。」〔註60〕這裡，劉逢祿要論述的是「董氏學」中「大一統」的思想，但在論述中，

〔註59〕劉逢祿：《左氏春秋考證》，《清經解》第七冊，上海書店，1988 年，第 427 頁。關於劉逢祿考證《左傳》事例的論述，可參見趙伯雄：《春秋學史》，山東教育出版社，2004 年，第 711〜719 頁。

〔註60〕劉逢祿：《論語述何》，《清經解》第七冊，上海書店，1988 年，第 448 頁。

可以清晰的看到宋學影響的痕跡。其中「愼言行，辨邪正」、「平天下」、「誠意」大多爲理學中所常用，而「窮理盡性」則更是理學的根本宗旨之一。

同樣，還是在《論語述何》中，在解釋孔子的「君子喻於義，小人喻於利」時，劉逢祿在下面引董仲舒之言加以解釋「董子曰：皇皇求仁義，常恐不能化民者，卿大夫之事也。皇皇求財禮，常恐匱乏者，庶人之事也。故君子不可貨取，而小人當因其所利而禮之。」〔註61〕在中國古代社會，「義利之辨」是儒家一個流傳久遠的討論命題。自孔子提出「君子喻於義、小人喻於利」，此後的儒家學者對此不斷的詮釋和發揮。董仲舒在此基礎上進行了進一步的推衍，《春秋繁露·對膠西王越大夫不得爲仁》中說「仁人者正其道不謀其利，修其理不急其功，致無爲而習俗大化。可謂仁聖矣」〔註62〕，對「義利之辨」提出了新的看法。董仲舒對於「義利之辨」的看法，對後世儒家，特別是對於宋儒，影響深遠。朱熹把董仲舒的「正其誼不謀其利，明其道不計其功」寫入《白鹿洞書院學規》中，並在書院講課和著述中多次引用。宋儒的「義利觀」對後世影響最大，後來的儒家學者，無論是漢學家、宋學家、今文學家或者尊奉陸王心學的，對於宋儒的「義利觀」大多比較贊同。不過宋儒將「義」和「利」在一定程度上對立起來，使得「義利之辨」的判斷，日益轉向「重義輕利」的方向。由此可見，劉逢祿在論述孔子和董仲舒「義利之學」時，深受宋學的影響。

四、常州學派「董氏學」研究對龔自珍、魏源的啓示

儘管以莊存與、劉逢祿爲代表的常州學者對今文經學理論的創見有限，但其對於清代今文經學復興的意義卻是不可小視的，其重要作用之一在於對後來今文經學者的啓示。在這方面，龔自珍、魏源所受的啓發是直接的，康有爲、廖平、皮錫瑞等人所受的啓發是間接的。龔自珍是乾嘉漢學考據大師段玉裁的外孫，少時曾從外祖父學習《說文解字注》，受乾嘉考據學的影響薰陶，在訓詁考據上有一定功力。但 1819 年，龔自珍在北京遇到了當時供職禮部的劉逢祿後，深爲劉逢祿的今文經學理論所折服，遂從劉逢祿學習公羊學，這對他學術經歷的轉向有著重要的影響，龔自珍即興寫下了後來流傳廣遠的詩句：

〔註61〕劉逢祿：《論語述何》，《清經解》第七冊，上海書店，1988 年，第 446 頁。
〔註62〕董仲舒：《春秋繁露·對膠西王越大夫不得爲仁》，《董仲舒集》，北京：學苑出版社，2003 年，第 211 頁。

> 昨日相逢劉禮部，高言大句快無加；
>
> 從君燒盡蟲魚學，甘做東京賣餅家。〔註63〕

越二十年，劉逢祿也已去世十年，龔自珍仍不忘劉逢祿在學術上對他的引領與提携，作詩以表對恩師眞切的感恩之情：

> 端門受命有雲礽，一脈微言我敬承。
>
> 宿草敢祧劉禮部，東海絕學在毘陵。〔註64〕

龔自珍深受劉逢祿公羊學的啓發，他特別重視劉逢祿公羊學思想中「三世說」和「更化變易」的思想，將其演繹爲自己的「治世」、「衰世」、「亂世」的新三世說，由於龔自珍晚劉逢祿十二年去世，他所目睹的中國傳統社會的衰世和清王朝統治的風雨飄搖，比之於劉逢祿所生活的時期更爲嚴峻。因此，他大呼「自改革」，而其理論來源，就來自「董氏學」中所體現的公羊學「變易」思想。因此，重視「董氏學」，牢牢把握住公羊家法「變」的思想，這是龔自珍受劉逢祿公羊學思想啓發的重要表現。〔註65〕而龔自珍如何接續常州今文學家，對董仲舒思想加以進一步解釋和闡發，將在下一節作詳細論述。

魏源亦深受常州今文學家的影響，且其授業於劉逢祿，還要早於龔自珍。嘉慶十九年（1814年），劉逢祿在京師遇到剛剛進京的魏源，魏源遂從劉逢祿學習公羊學：「問宋儒之學於姚敬堂先生學塽，學《公羊》於劉申受先生逢祿」〔註66〕，龔自珍、魏源在北京參加會試，劉逢祿是考官之一，他發現有兩份考卷旁徵博引、文辭精彩、分析精深，認定是龔、魏二人的試卷，但雖經劉

〔註63〕龔自珍：《雜詩，己卯自春徂夏，在京師作，得十有四首》之一。蟲魚學，指乾嘉考據學末流陷於繁瑣考據、脫離實際的學風。賣餅家，指公羊學。《魏略》中記載，嚴漢，字公仲，善於《春秋公羊學》。當時司隸鍾縣宗古文經，對公羊學頗有微辭，以《左傳》爲大官廚，以《公羊》爲賣餅家，以爲譏諷。（《龔自珍全集》，上海人民出版社，1975年，第441頁）

〔註64〕龔自珍：《己亥雜詩》。龔自珍自注：「年二十八，始從武進劉申受受《公羊春秋》，近歲成《春秋決事比》六卷。劉先生卒十有年矣。」端門受命，係指《公羊傳》哀公十四年何休所注「得麟之後，天下血，書魯端門」。雲礽：遠孫，比喻後繼者。宿草：指墓地上隔年的草，用爲悼念亡友之辭。《禮記》記載「朋友之墓，有宿草而不哭焉。」祧：祭祀遠祖，或繼承爲後嗣。毘陵：古縣名，即江蘇武進縣，莊存與、劉逢祿都是武進人。（《龔自珍全集》，上海人民出版社，1975年，第514頁）

〔註65〕陳其泰：《清代公羊學》，北京：東方出版社，1997年，第163頁。

〔註66〕魏耆：《邵陽魏府君事略》，《魏源集》，下冊，北京：中華書局，1976年，第848頁。

逢祿的極力推薦,二人還是名落孫山,劉逢祿對此深感遺憾,專門寫下了《傷浙江、湖南二遺卷詩》來記此事〔註67〕。劉逢祿去世後,魏源負責整理其著作,在《劉禮部集》所作的序中他讚揚劉逢祿是「潛心大業之士」,認爲劉「由董生《春秋》以窺六藝條貫,由六藝以求聖人統紀」〔註68〕,對於今文經學的發展做出了重要貢獻。

第三節 常州學派的後續
——龔自珍、魏源的「董氏學」研究

　　龔自珍和魏源是晚清著名的思想家,他們所生活的時期,相較於莊存與、劉逢祿而言,已有了很大不同。如果說莊、劉時代的清王朝,雖已是暮氣沉沉、百弊叢生,但其統治還大體上保持了穩定,而龔、魏所處的時代,清王朝的統治已經處於風雨飄搖之中,社會各種矛盾激化,更爲嚴重是西方國家加緊了對中國的侵略,鴉片戰爭已使得「天朝」威嚴不再,伴之而來的是民族危機日益嚴峻。龔自珍逝世於 1841 年,正是鴉片戰爭的戰火燒到中國東南沿海之時。魏源比龔自珍又多經歷了十幾年,不僅完整的看到了「天朝上國」是如何完敗於「蕞爾英夷」,並簽訂了喪權辱國的不平等條約,而且還經歷了太平天國運動的社會動盪。龔、魏作爲知識分子中的有識之士,具有強烈的憂患意識,面對「衰世」,力圖以「經世精神」推動社會變革,擺脫社會危機。如王國維論及晚清今文經學:「道咸以降,學者尚承乾嘉之風,然其時政治風俗已漸變於昔,國勢亦稍稍不振,士大夫有憂之而不知所出,乃或託於先秦西漢之學,以圖變革一切,然頗不循國初及乾嘉諸老爲學之成法……如龔璱人、魏默深之儔,其學在道咸後,雖不逮國初、乾嘉二派之盛,然爲此二派之所不能攝,其逸而出此者,亦時勢使之然也。」〔註69〕由於時代及其自身

〔註67〕其詩中有「更有無雙國士長沙子,孕育漢魏眞經神。尤精選理躒鮑謝,暗中劍氣龍騰鱗,侍御披沙豁雙眼,手持示我咨嗟頻。翩然雙鳳冥空碧,會見應運翔丹宸。萍蹤絮影亦偶而,且看明日走馬塡城闉。」在詩後,劉逢祿自注「湖南九四五策冠場,文更高妙,予絕其爲魏君源」引自李瑚:《魏源事跡繫年》,《魏源研究》,朝華出版社,2002 年,第 297 頁。

〔註68〕魏源:《劉禮部遺書序》,《魏源集》,上冊,北京:中華書局,1976 年,第 242 頁。

〔註69〕王國維:《沈乙庵先生七十壽序》,《王國維論學集》,北京:中國社會科學出版社,1997 年,第 401～402 頁。

的特點，龔、魏的西學知識有限，他們主要是從傳統的學術文化中汲取「變革」的思想理論。而清中期復興的今文經學，在常州學派的推動、倡導、宣傳下，已在社會上有了一定影響，並恰好和「挽救衰世」的社會需求相契合，這也成爲龔自珍、魏源在前人基礎上繼續研究和發展「董氏學」的重要社會環境。

一、龔自珍的「董氏學」研究

龔自珍關於公羊學的著述不多，因此也曾有學者認爲龔自珍並不能算做今文經學家。不過，龔自珍的思想深受公羊學的影響則是事實，其政論文章中體現的主張「改革」、「更化」的思想，究其理論淵源，大多受到「董氏學」的啓發。龔自珍雖然景仰常州今文經學，但並非是想成爲單純的「經師」，而是吸收今文經學中的「變易」「更化」的思想，利用公羊學的「非常異義可怪之論」，與其經世思想相結合。梁啓超評論其公羊學研究「段玉裁外孫龔自珍，既受訓詁學於段，而好今文，說經宗莊、劉……往往引《公羊》義譏切時政，詆排專制……雖然，晚清思想之解放，自珍確與有功焉……今文學派之開拓，實自龔氏。」〔註70〕

（一）對「三世說」的進一步論證

龔自珍在公羊學思想中十分注重「三世說」的歷史作用，並在常州學派闡釋「張三世」思想的基礎上有了自己的發揮，他在《五經大義終始答問》記述：「問：三世之法，誰法也？答：三世非徒《春秋》法也。《洪範》「八政」配三世，八政又各有三世。」〔註71〕八政出於《洪範》，是指食、貨、祀、司空、司徒、司寇、賓、師，指代八方面的政事。「願問八政配三世。曰：食、貨者，據亂而作。祀也，司徒、司寇、司空也，治昇平之事。賓、師乃文致太平之事。孔子之法，箕子之法也。」〔註72〕龔自珍認爲「三世」與「八政」是相配的，「八政」分屬於「三世」。《尚書·洪範》中關於「八政」的描述，屬於「典章制度」的研究，本是考據學所關注的問題，而龔自珍則將其與「三

〔註70〕 梁啓超：《清代學術概論》，《梁啓超論清學史二種》，上海：復旦大學出版社，1985年，第61頁。
〔註71〕 龔自珍：《五經大義終始答問一》，《龔自珍全集》，上海人民出版社，1975年版，第46頁。
〔註72〕 龔自珍：《五經大義終始答問一》，《龔自珍全集》，上海人民出版社，1975年版，第46頁。

世說」相聯繫。他認為由於「三世」的不同，各個階段的原則也有差距，對於同一件事情，可能會有不同的解釋和結果。在《五經大義始終答問三》回答司寇之三世時，龔自珍對於三世不同而導致的司法上的差異進行了解釋：「願問司寇之事。答：周法，刑新邦用輕典，據亂故，《春秋》於所見世，法為太平矣。世子有進樂於君，君死者，書曰：弒其君。蓋施教也久，用心也精，責忠孝也密。假如在所傳聞世，人倫未明，刑不若是重，在所傳聞世，人倫甫明，刑矣不若是重」〔註73〕這裡龔自珍強調了由於所處「三世」的歷史時期不同，社會的文明發展水平不同，在司法的規定與處罰上應存在差異，這實際是在說明政治制度和體制應該隨著社會的發展而進行相應的「變革」。

（二）以《春秋》決事的思想

龔自珍受「董氏學」影響之處，還在於其模仿董仲舒的《春秋決事》和《〈公羊〉治獄》〔註74〕，寫下了《春秋決事比答問》和《春秋決事比序》。龔自珍寫作這些文章的原因在於，他認為《春秋》不是單純的史書和經籍，而是有著重要的實用價值，如其在《春秋決事比答問第五》所記：「甲問：人倫之變，大科如何？答曰：《春秋》何以作？十八九為人倫之變而作。大哉變乎？夫子不變，無以究慈孝之隱；君臣不變，無以窮忠孝之類；夫婦不變，無以發閨門之德。精義入神，以致用也；比物連類，貴錯綜也。其次致曲，加王心也；直情徑行，比獸禽也。」〔註75〕因此，有關董仲舒的「春秋決事」，就具有不可低估的實際價值了：「春秋之獄，不可以為故當；春秋之文，不可以為緣；春秋之義，不可以為例；春秋之訓不瀆，一告而已，不可以再；或再告而已，不可以三。是故春秋之指，儒者以為數千而猶未止，然而《春秋》易明也，易學也。」〔註76〕在龔自珍看來，春秋學之事例、辭指雖然眾多，但都是圍繞著人類社會的基本價值觀念及其評判展開的，並且是與社會生活密切相關的。

〔註73〕龔自珍：《五經大義終始答問三》，《龔自珍全集》，上海人民出版社，1975年版，第47頁。
〔註74〕董仲舒的《春秋決事》和《〈公羊〉治獄》，並未見於《史記》和《漢書》，而是分別錄自於《玉函山房輯佚書》和《漢學堂叢書》。
〔註75〕龔自珍：《春秋決事比答問第五》，《龔自珍全集》，上海人民出版社，1975年版，第63頁。
〔註76〕龔自珍：《春秋決事比答問第五》，《龔自珍全集》，上海人民出版社，1975年版，第63頁。

（三）對五行災異學說的質疑

與董仲舒等漢代今文學家好以陰陽災異、天人感應甚至讖緯神學來解釋公羊學不同，龔自珍對於借五行之說解釋公羊學十分反感，在《與陳博士箋》中，他說：「自古以陰陽五行占驗災異，與推步家術絕不相同，不能並為一家之言……自珍最惡京房之《易》、劉向之《洪範》，以為班氏《五行志》不作可也。」〔註77〕在《與江子屏箋》一文中，他說「漢人有一種風氣，與經無與，而附於經，謬以裨龜、梓慎之言為經，因以汨陳五行，矯誣上帝為說經，《大易》、《洪範》，身無完膚，雖劉向亦不免，以及東京內心，本朝何嘗有此惡習？」龔自珍專門作有《非五行傳》來反對將五行理論與災異學說聯繫起來：「劉向有大功，有大罪，功在七略，罪在《五行傳》。凡五行為災異，五行未嘗失其性也。」因此，龔自珍主張在對公羊學研究中不能將「陰陽」、「五行」、「災異」混同，「《易》自《易》，《範》自《範》，《春秋》自《春秋》。《易》言陰陽，《洪範》言五行，《春秋》言災異。以《易》還《易》，《範》還《範》，《春秋》還《春秋》，姑正其名，而《易》、《書》、《春秋》可徐徐理矣。」〔註78〕如果將這些混同起來，就會使得經學解釋限於混亂：「武王、箕子周初之史氏，不知後世有儒者。古之儒者，不聞後世有裨龜、梓慎；裨龜、梓慎，不聞後世有文成、五利；文成、五利，不聞王莽；王莽不聞張角、張魯、五斗米、三里霧；如改五經以遷就之，角、魯將毋經學之大宗也哉。」〔註79〕

不過，令人頗感不解的是，龔自珍反對以「五行」和《春秋》相混合，他大加指責的卻是劉向，而對於以陰陽五行理論說春秋公羊的「始作俑者」董仲舒，卻並未加以任何評論或批評。〔註80〕又如，對於「異內外」和「夷

〔註77〕龔自珍：《與陳博士箋》，《龔自珍全集》，上海：上海人民出版社，1975年，第346頁。

〔註78〕龔自珍：《非五行傳》，《龔自珍全集》，上海：上海人民出版社，1975年，第130～131頁。

〔註79〕龔自珍：《非五行傳》，《龔自珍全集》，上海：上海人民出版社，1975年，第130～131頁。

〔註80〕房德鄰教授其近作《〈春秋繁露〉五行諸篇非董仲舒所著》一文，對《春秋繁露》的版本、篇章進行了詳細的分析考證，認為五行諸篇並非董仲舒所著，董仲舒在解釋公羊學時並沒有言及五行思想。房先生的考證細緻、說理有力，作者綜合房先生的文章及其他學者關於此問題的論述，也接受《春秋繁露》五行諸篇非董仲舒所著，而且並非出自一人之手，係出自多人之手，這些對於解釋上述疑問有很大幫助。不過，晚清時期的龔自珍也為何不談董仲舒的五行學說，是否龔自珍也認為董仲舒並未談及五行理論，由於龔自珍關於董仲舒學說論述的材料有限，還很難給出一個滿意的答案。

夏之防」，龔自珍也本著歷史變化的角度來看，在《五經大義終始答問七》中他做了如下解釋：「問：太平大一統，何謂也？答：宋、明山林偏僻士，多言夷、夏之防，比附《春秋》，不知春秋者也。《春秋》至所見世，吳、楚進矣。伐我不言鄙，我無外矣。《詩》曰：『無此疆爾界，陳常於時夏。』聖無外，天亦無外者也。然則何以三科之文，內外有異？答：據亂則然，昇平則然，太平則不然。」〔註81〕

此外，龔自珍受考據學的影響，他的學術中有濃厚的樸學色彩，與劉逢祿等人認為《左傳》不傳《春秋》不同，他認為《左傳》也是解釋《春秋》的，只不過「宜剔去劉歆所竄易」，他在《春秋決事比自序》中認為「凡建五始，張三世，存三統，異內外，當興王，及別月日時，區名字氏，純用《公羊》氏；求事實，兼采《左氏》」。〔註82〕這種兼采《左傳》的傾向也和自劉逢祿以來的眾多今文經學者很不相同。

二、魏源的「董氏學」研究

魏源的今文經學著述頗豐，大體可以分為兩種，一種為以「考據」方式來揚今文經學抑古文經學，流傳於世的有《詩古微》、《書古微》，此外還有未見傳世的《公羊古微》。另一類則是以「微言大義」的方式直接闡述今文經思想的，如《董子春秋發微序》、《公羊春秋論》、《兩漢經師今古文家法考敘》等。劉逢祿在給魏源所作的《書古微》序言中說：「邵陽魏君默深，治經好求微言大義，由董子書以信西漢今文家法。既為《董子春秋述例》以闡董、胡之遺緒，又於《書》則專申《史記》、《伏生大傳》及《漢書》所載歐陽、夏侯、劉向遺說，以難馬、鄭。」〔註83〕魏源大力提倡復興「西漢之學」，他認為今文經學的復興是清代學術發展的一個不可逆轉的趨勢：「西京微言大義之學墜於東京，東京典章制度之學絕於隋、唐，兩漢訓詁聲音之學熄於魏、晉，其道果孰隆替哉？且夫文質再世而必復，天道三微而成一箸。今日復古之要，由訓詁聲音以進於東京典章制度，此齊一變至魯也，由典章制度以進於西漢

〔註81〕龔自珍：《五經大義終始答問七》，《龔自珍全集》，上海：上海人民出版社，1975年，第48頁。

〔註82〕龔自珍：《春秋決事比自序》，《龔自珍全集》，上海：上海人民出版社，1975年，第234頁。

〔註83〕魏源：《書古微》，光緒乙酉秋飛清閣刊本。轉引自李瑚：《魏源研究》朝華出版社，2002年，第107頁。

微言大義，貫經術、政事、文章於一，此魯一變至道也。」〔註84〕

　　魏源繼續發揮公羊學的「三統說」，並將「三統說」視爲公羊學的本義，而非何休的「臆造」。他認爲「三統」說經歷了漢代董仲舒、胡母生、何休等人的不斷闡發而趨於完善：「公羊先師七十子遺說，不特非何氏臆造，亦且非董、胡特創。」〔註85〕魏源頌揚「三統」說，將「三統」的變易學說作爲政治改革的理論依據。他認爲「史家正統之例，實《春秋》通三統之義」：「太史公作《五帝本紀》，列黃帝、顓頊、高辛、堯、舜，而不數少昊氏。斯義也，本之董生論三統，孔子論五帝德，《國語》柳下惠論祀典。蓋少昊氏之衰，九黎亂德，顓頊修之，故柳下、孔子、董生、太史公論列五帝，皆祧少昊一代於不言，視《月令》郊子所論，識殊霄壤。此正統本於三統之明徵，豈徒臚列紀載，體同胥史，遂並董狐乎？」〔註86〕從中可以看出，他將「三統」說的創立，歸之於董仲舒的創見，並對董仲舒等人不列少昊的原因進行了分析，並由此說明，「三統」完全是爲了政治服務的。

　　魏源所著的《公羊春秋論》還批評了孔廣森《公羊通義》自立「三科九旨」的觀點。孔廣森因深受乾嘉漢學影響，雖然治公羊學，卻認爲何休對於「通三統」的解釋是「非常異義可怪之論」，是毫不足取的。孔廣森用「樸學」考證的方式來闡述「三科九旨」爲「時、月、日」、「譏、貶、絕」，「尊、親、賢」。魏源對這種不尊何休成說的做法深不以爲然，評論說：「乃其三科、九旨，不用漢儒舊傳，而別立時、日、月爲天道科，譏、貶、絕爲王法科，尊、親、賢爲人情科。如是，則《公羊》與《穀梁》奚異？奚大義之與有！」〔註87〕在他看來，孔廣森的研究不守公羊家法，使得公羊學的獨特政治功能無法彰顯，而孔廣森的「不守家法」絕非一處：「又其意以爲通三統之義不見於傳文，止見《何氏解詁》，疑非公羊本義。無論經、傳有元年文王、成周宣榭之明文，且何氏敘明言依胡母生條例，又有董生、太史公之書，皆公羊先師七十子遺說，不特非何氏臆造，亦且非董、胡特創也。無三科、九旨則無公羊，

〔註84〕魏源：《劉禮部遺書序》，《魏源集》上冊，北京：中華書局，1976年，第242頁。

〔註85〕魏源：《公羊春秋論・下》，《魏源集》上冊，北京：中華書局，1976年，第133頁。

〔註86〕魏源：《公羊春秋論・上》，《魏源集》上冊，北京：中華書局，1976年，第131～132頁。

〔註87〕魏源：《公羊春秋論・上》，《魏源集》上冊，北京：中華書局，1976年，第133頁。

無公羊則無《春秋》，奚微言之與有！」〔註88〕魏源認為孔廣森的這種解經方法顯然背棄了春秋公羊學的主旨。

　　魏源認為，講求「三統」之論，最重要的就是要理解社會的「變易」性：「三代以上，天皆不同今日之天，地皆不同今日之地，人皆不同今日之人，物皆不同今日之物……古乃有古，執古以繩今，是為誣今；執今以律古，是為誣古；誣古不可以為學。」〔註89〕因此，魏源強調，從古至今，社會發生了很大變化，維繫社會之「法」也應該隨時代變化而變化：「天下無數百年不弊之法，無窮極不變之法，無不除弊而能興利之法，無不易簡而能變通之法。」〔註90〕不過，魏源對「變易」的理解仍有其局限性，並沒有完全走出「三統」循環的模式：「萬物之數括於三，初異中，中異終，終不異初……萬物一而立，再而反，三而如初。」相對於典籍，魏源也注重「口說」，即以口口相傳的方式流傳下來的「微言大義」：「《史記》言《春秋》上記隱，下至哀，以制義法，為有所刺譏褒諱抑損之文不可以書見也，故七十子之徒口受其傳指。《漢書》言仲尼沒而微言絕，七十子喪而大義乖。夫使無口授之微言大義，則人人可以屬詞比事而得之……是故以日月名字為褒貶，公、穀所同，而大義迥異，則以穀梁非卜商高弟，傳章句而不傳微言，所謂中人以下不可語上者。此江公於董生齊名，而董生之業卒顯歟！」與莊存與、劉逢祿相比，魏源在董仲舒和何休之間，更注重董仲舒，他作有《董子春秋發微》一書七卷來專論董仲舒的春秋學研究，但該書未能流傳，現只有序文保留下來。從序文中，我們可以窺見魏源寫作此書的宗旨：「何為而作也？日：所以發揮公羊之微言大誼，而補胡毋生條例、何邵公解詁所未備也。」〔註91〕魏源在序文中還特意提及此前公羊學者研究漢代今文經學，只重視何休，而對董仲舒未引起應有的重視，並解釋了為何要重視董仲舒著述的原因：「近日曲阜孔氏、武進劉氏皆公羊專家，亦止為何氏拾遺補缺，而董生之書未之詳焉。若謂董生疏通大誼，不列經文，不足頡頏何氏，則七書三科、九旨粲然大備，且弘通精渺，內聖而外王，蟠天而際地，遠在胡毋生、何邵公章句之上。蓋彼猶泥文，此優柔而厭飫矣；彼專析例，此則曲暢而旁通矣；故抉

〔註88〕魏源：《公羊春秋論·下》，《魏源集》上冊，北京：中華書局，1976 年，第133 頁。

〔註89〕魏源：《默觚·治篇五》，《魏源集》上冊，北京：中華書局，1976 年，第 47～48 頁。

〔註90〕魏源：《籌鹺篇》，《魏源集》下冊，北京：中華書局，1976 年，第 432 頁。

〔註91〕魏源：《董子春秋發微序》，《魏源集》上冊，北京：中華書局，1976 年，第134～135 頁。

經之心，執聖之權，冒天下之道者，莫如董生。」〔註92〕《董子春秋發微》雖不見原文，但其章節目錄卻保留在序言中，我們從其大體可以窺見其書的主要內容和思想要旨，現列其目錄如下：

繁露第一	張三世例通三統例異內外例
俞序第二	張三世例
奉本第三	張三世例
三代改制質文第四	通三統例
爵國第五	通三統例
符瑞第六	通三統例
仁義第七	異內外例附公始終例
王道第八	論正本謹微兼譏貶例
順命第九	爵氏字例尊尊賢賢
觀德第十	爵氏字例尊尊親親
玉杯第十一	予奪輕重例
玉英第十二	予奪輕重例
精華第十三	予奪輕重例
竹林第十四	兵事例戰伐侵滅入圍取邑表
滅國第十五	邦交例朝聘會盟表
隨本消息第十六	邦交例同上
制度第十七	禮制例議失禮
郊義第十八	禮制例議失禮
二端第十九	災異例
天地陰陽第二十	災異例
五行相勝第二十一	災異例
陽尊陰卑第二十二	通論陰陽
會要第二十三	通論春秋
正貫第二十四	通論春秋
十指第二十五	通論春秋〔註93〕

〔註92〕 魏源：《董子春秋發微序》，《魏源集》上冊，北京：中華書局，1976 年，第135 頁。

〔註93〕 魏源：《董子春秋發微序》，《魏源集》上冊，北京：中華書局，1976 年，第135～136 頁。

魏源所列該書的二十五篇目，其標題均來自於《春秋繁露》各篇的題目，可以看出魏源寫作此書的方法，是從《春秋繁露》所存的七十九篇中，選取其中的二十五篇，按照「張三世」、「通三統」、「異內外」、「禮儀」、「災異」等十幾個方面闡釋和發揮「董氏學」的有關觀點，而最後三篇為「通論春秋」，則應是通過《春秋繁露》的解釋對「春秋公羊學」的主旨進行綜述。就其撰寫方法和解經方式而言，已與莊存與、劉逢祿等人通過引用董仲舒的觀點來解釋「釋例」的方式有了明顯的區別，而魏源的《董子春秋發微》從其篇目的結構來看，則是直接對《春秋繁露》的解釋和闡發。這種著述方式，與後來康有為所著之《春秋董氏學》有頗為相似之處。另外，魏源還對《春秋繁露》一書的書名進行了考證，認為該書本名並非此名，「繁露」僅為一章之名，而是被篡用書名的：「至繁露者，首篇之名，以其兼攝三科、九旨為全書之冠冕，故以繁露名首篇。後人妄以繁露為全書之名，復妄移楚莊王一章於全篇之首，矯誣之甚。故今仍以繁露名首篇，其全書但稱曰董子春秋，以換其舊。」〔註94〕

　　龔、魏的思想對晚清的思想界、學術界影響深遠，我們從晚清學人的一些言談中可以窺見一二。一是張之洞的一段話：「二十年來，都下經學講《公羊》，文章講龔定庵，經濟講王安石，皆余出都以後風氣，遂有今日，傷哉！」〔註95〕由於學術門派和政治立場等原因，張之洞對龔自珍的學術思想評價不高，但他承認，龔自珍對於晚清思想學術界有著巨大影響這一事實。二是梁啓超於民國初年總結清代學術的發展歷程，其《清代學術概論》中有《清代今文學與龔魏》一章，專論龔、魏對於傳承清代今文經學的歷史作用。他說「今文學之健者，必推龔、魏……考證之學，本非其所好也，而因眾所共習，則亦能之；能之而頗欲用以別闢國土，故雖言經學，而其精神與正統派之為經學而治經學者則既有以異……故後之治今文學者，喜以經術作政論，則龔、魏之遺風也。」〔註96〕不同的學者，在不同的時期，站在不同的政治立場和

〔註94〕魏源：《董子春秋發微序》，《魏源集》上冊，北京：中華書局，1976年，第135頁。

〔註95〕此為張之洞所作《學術》一詩下所寫的注釋。原詩為：理亂尋源學術乖，父雠子劫有由來。劉郎不歎多葵麥，只恨荊榛滿路栽。張之洞：《張之洞詩文集》，上海：上海古籍出版社，2008年，第153～154頁。

〔註96〕梁啓超：《清代學術概論》，《梁啓超論清學史二種》，上海：復旦大學出版社，1985年。

學術角度，對龔、魏二人的學術影響或譽之或毀之，卻說明了一個共同的問題，就是龔、魏二人的今文經學思想的確在晚清時期具有開啓風氣的作用，而他們借助「董氏學」的有關思想宣揚「三世說」、「變易觀」等思想，這在一定程度上，使得今文經學從莊存與、劉逢祿等人側重於學理研究而走向與社會變革相結合。

　　通過本章的分析，可見，由莊存與開創的常州今文經學派，經過劉逢祿、宋翔鳳、龔自珍、魏源等人的不斷開拓與發展，到了晚清時期，今文經學已成爲學術界中顯赫的學派。考察今文經學的復興之路，從其內在學術理路的發展脈絡來看，與常州學者不斷的發掘董仲舒和何休的思想資源有著密切的關係。他們以「董氏學」的「三世說」、「天人感應」、「變易觀」、「更化論」等理論來完善今文經學的內容，並會通漢、宋之學，借助「董氏學」中的「微言大義」來演繹今文經學的有關觀點，使之逐漸與現實相結合，將今文經學的研究由學理探索逐步推向經世關懷。常州學者「董氏學」研究的重要意義在於開啓了晚清學者對於「董氏學」進一步探討和研究。康有爲在《春秋董氏學》中多次提到常州學者對「董氏學」的研究成就，在其講學過程中也多次指導其學生，要以常州學者的公羊學研究著述爲治學入門的必讀書目。從康有爲「董氏學」研究的特點和方法來看，他也在相當程度上受到常州學者的影響，這些將在下一章中進行詳細探討。此外，即便是對今文經學持不同觀點的人也認識到常州學者的「董氏學」研究在晚清的影響不可小視。蘇輿在《春秋繁露義證‧自序》中談到了這種現象：「國朝嘉道之間，是書大顯，經學之士，益知鑽研《公羊》。而如龔自珍、劉逢祿、宋翔鳳、戴望之徒，闡發要眇，頗復鑿之使深，漸乖本旨。承其後者，沿僞襲謬，流爲隱怪，幾使董生純儒蒙世詬厲，豈不異哉！」〔註97〕儘管他對於常州學者的「董氏學」研究頗爲不屑，但也不得不承認他們關於「董氏學」研究對於後人之影響。而他所暗指的「承其後者，沿僞襲謬，流爲隱怪，幾使董生純儒蒙世詬厲」，毫無疑問，就是康有爲及其《春秋董氏學》。這也從另一方面證明了常州學者對晚清「董氏學」研究，特別是康有爲「董氏學」研究的開啓作用。

〔註97〕蘇輿：《春秋繁露義證‧自序》，北京：中華書局，1996年。

第二章　戊戌前康有爲的「董氏學」研究

　　從 19 世紀 90 年代初到戊戌變法前夜，是康有爲學術與思想形成的重要時期，其對於「董氏學」的研究也經歷了一個不斷深化的過程。康有爲最初對於「董氏學」的認識和研究與其在學術上轉向今文經學有著密切的關係，而他在這一階段的講學活動中大量的涉及到了對於董仲舒歷史地位、《春秋繁露》思想內涵的講解和評價，講學過程使其對於「董氏學」的探討不斷深化。當其完成《新學僞經考》，全面轉向今文經學之後，如何構建自己的今文經學理論體系並借助其表達自己的政治主張，就成爲他要面臨的主要問題。在《孔子改制考》中，他充分利用董仲舒的思想去重塑和詮釋孔子的歷史地位和創教改制思想，將他對於「董氏學」的研究應用於具體的經學理論的構建中，並爲同時期的《春秋董氏學》的撰寫打下了基礎。而《春秋董氏學》的完成和出版，則標誌著康有爲「董氏學」研究走向成熟。

第一節　康有爲的「董氏學」研究是其學術轉向的結果

　　在康有爲 1891 年《新學僞經考》成書前，其早期著述中很少對「董氏學」的論述，根本原因在於他尚未轉向獨尊今文經學。康氏早期學術思想構成較爲複雜，古文經學、今文經學、程朱理學、陸王心學、佛學在其學術思想中都有體現。其早期最爲重要的學術著作當爲《教學通義》，這部著作中，康有爲推崇古文經學的經典《周禮》，「有爲早年，酷好《周禮》，嘗貫穴之著《政

學通義》（應爲教學通義）」〔註1〕，以《教學通義》〔註2〕爲例，其寫作主旨在於：「上推唐、虞，中述周、孔，下稱朱子，明教學之分，別師儒官學之條，舉『六藝』之義，統而貫之，條而理之，反古復始，創法立制。王者取法，必施於世，生民託命，先聖其諦。」〔註3〕此時，在康有爲關於儒學發展史的認識中，還是周公與孔子並重，而並非如後來的特殊突出孔子。在孔子之後，康有爲認爲只有朱熹才「明教學之分」，是儒家思想的眞正傳人。康有爲在《教學通義》中很少提到董仲舒，基本未提到《春秋繁露》，對於董仲舒，只將其視爲漢代一普通儒生，如在關於漢代「禮樂」復興的論述中，他認爲董仲舒的地位和作用還不及劉向，《教學通義·立學》：「自賈生以後，董仲舒、王吉、劉向皆數言禮樂之宜興，以移化民風，而劉向之言爲最深切也。」〔註4〕《教學通義·六藝上》論漢代「禮」的發展：「自漢高起於馬上，漢文謙讓，未遑製作，故禮最簡陋，賈誼、仲舒、王吉、劉向之徒，數請定制，而卒不行。」〔註5〕可見，此時康有爲對於漢代今文經學歷史地位及其代表人物之貢獻的評價並不高，在他眼中，董仲舒也只不過是一個普通經師而已。

　　康有爲此時雖在相當程度上受古文經學影響，認爲「諸經皆出於周公」，但唯獨對六經中的《春秋》是個例外。在《教學通義·春秋》中他說「惟《春秋》獨爲孔子之作，欲窺孔子之學者，必於《春秋》。」〔註6〕而且康有爲以爲，先秦、兩漢之時，學者都承認孔子的改制思想，他舉了孟子、莊子、《淮南子》等多個例證：「孟子述舜、禹、湯、文、周公及孔子，則曰：王者之跡熄而《詩》亡，《詩》亡而後《春秋》作。其闢許行，亦以孔子作《春秋》，繼堯、舜、周公之事業，以爲天子之事……莊子曰：《春秋》經世先王之志。且尊孔子爲先王。《淮南子》：殷繼夏，周繼殷，《春秋》繼周，三代之禮不同。直以孔子爲一代矣。故自周、漢之間，無不以《春秋》爲孔子改制之書。尊

〔註1〕 梁啓超：《清代學術概論》，《梁啓超論清學史二種》，上海：復旦大學出版社，
　　　　第63頁。
〔註2〕 據《康有爲全集》，《民功篇》、《教學通義》作於1886年、1885年，是現今可
　　　　見的康有爲最早的學術著作。
〔註3〕 康有爲：《教學通義》，《康有爲全集》第一集，北京：中國人民大學出版社，
　　　　2007年，第19頁。
〔註4〕 康有爲：《教學通義》，《康有爲全集》第一集，第41頁。
〔註5〕 康有爲：《教學通義》，《康有爲全集》第一集，第48頁。
〔註6〕 康有爲：《教學通義》，《康有爲全集》第一集，第39頁。

孔子者，不類後人尊孔子之道德，而尊孔子能製作《春秋》，亦可異矣。」〔註7〕這種強調孔子改制思想的思想，也就成爲《孔子改制考》撰寫的思想萌芽。

　　由此可見，在康有爲尙未轉向專奉今文經之時，就已經有了孔子藉《春秋》改制的思想萌芽。這種突出《春秋》，並認爲《春秋》不同於其他五經，而專爲孔子改制之作的思想，或許會給兩年後康有爲轉向今文經學提供學術上的淵源依據。並進而證明，康有爲轉向今文經學，並非完全因受廖平之影響，而是有其早期的學術根源。

　　此時，康有爲對於孔子以後儒家學者中，最爲尊崇的是朱熹，因此特作《尊朱》篇來褒揚之：「惟朱子學識閎博，獨能窮極其力，遍躡山麓，雖未遽造其極，亦庶幾登峰而見天地之全，氣力富健又足以佐之，蓋孔子之後一人而已。」〔註8〕不過，康有爲於「尊朱」的同時，也指出了朱熹的不足之處：「惟於孔子改制之學，未之深思，析義過微，而經世之業少，注解過多……孔子改制之意隱而未明，朱子編禮之書遲而不就，此亦古今之大會也。朱子未能言之，即言之，而無徵不信，此眞可太息也。」〔註9〕

　　康有爲認爲，朱子沒能傳續孔子改制思想並加以光大，實是一大遺憾，不過康有爲在此並未提及孔子之後誰傳承了他的「改制之學」。可見，康有爲此時尙未認爲董仲舒接續孔子改制主張的思想，這也爲後來康有爲通過發掘《春秋繁露》，論述「董氏學」中的改制成分留下了空間。此後兩年，康有爲逐漸由兼通古今之學而轉向「尊今文去古文」，他所關注的典籍已經從寫作《教學通義》時的《周禮》轉爲《春秋》及《公羊傳》，進而開始關注漢代治公羊學的大師董仲舒及其學說，而這在《教學通義》當中，也可以找到其端倪，「《春秋》者，孔子感亂賊，酌周禮，據策書，明製作，立王道，筆則筆，削則削，所謂微言大義於是乎在。傳之於子夏。《公羊》、《穀梁》，子夏所傳，實爲孔子微言，質之經、傳皆合。《左氏》但爲魯史，不傳經義。今欲見孔子之新作，非《公》、《穀》不可得也。」〔註10〕而重視公羊學所帶來的結果，就是必然要提及西漢公羊學最重要的代表人物董仲舒及其思想。

　　其時，康有爲的得意弟子陳千秋曾描述康有爲轉向今文經學時的狀況：

〔註7〕康有爲：《教學通義》，《康有爲全集》第一集，第39頁。
〔註8〕康有爲：《教學通義》，《康有爲全集》第一集，第45頁。
〔註9〕康有爲：《教學通義》，《康有爲全集》第一集，第45頁。
〔註10〕康有爲：《教學通義》，《康有爲全集》第一集，第39頁。

「孔子創造『六經』，改制聖法，傳於七十子，以法後王……吾師康先生，思聖道之衰，憫王制之缺，慨然發憤，思易天下，既絀之於國，乃講之於鄉」〔註11〕。正是出於對現實的關注和復興「聖道」的理想，促使了康有爲的經學轉向。值得注意的是，康有爲此時突出《春秋》及《公羊傳》的地位，引用了與日本有關的例證：「且《春秋》之顯孔子之功，非徒施於中國，又莫大於日本焉。日本自與隋、唐大通，以中國之經學爲學，《春秋》及《通鑒綱目》大行焉。於是在宋時源賴氏以大將軍霸天下，鎌倉氏繼之，足利氏繼之，德川氏繼之，凡所爲封建、兵刑、用人、行政皆自將軍出，歷六百七十六年，其天皇守府，而卒不敢易名號、廢其君。今王睦仁（明治天皇，自注）卒得起而廢之。人士咸有《春秋》之學，莫不助王，而睦仁復其故統。」〔註12〕康有爲認爲，日本歷史上由於「春秋學」傳入並深入人心，使得天皇雖然因幕府統治大權旁落 600 餘年而王位不失，近代也是由於「春秋學」的影響而使得明治天皇能夠發動「倒幕運動」，而王權復興，進而說明「《春秋》之顯孔子之功，非徒施於中國」。平心而論，日本天皇制度的綿延不絕，「春秋學」在日本的影響恐非最重要的原因，康氏的分析也失之於牽強附會。但康有爲之目的卻在於以此擡高《春秋》的地位，以說明《春秋》的作用絕非只在經學理論上，而是可以應用於政治實踐的。豈料，康有爲寫作《教學通義》僅過數年，一向被視爲「蕞爾小國」的日本，竟在明治天皇掌握大權推行明治維新不到三十年之後，於甲午之戰中一舉打敗了貌似強大的大清帝國。大概，這種情況對於康有爲而言，會更加堅定了「蓋所謂《春秋》之力、孔子之道，至是而極大矣。故謂後世皆《春秋》之治，誠所謂繼周者也」〔註13〕之觀念。這也是在日後的戊戌維新運動中，康有爲一方面以春秋學的「孔子改制」作爲改革理論；而另一方面，在具體的政治革新中，他主張以日本爲樣本，效法明治維新的遠因。

第二節　康有爲戊戌前講學與其「董氏學」研究

　　康有爲自 1890 年開始其講學活動，到戊戌之前，其講學活動與學術研究

〔註11〕見附於《長興學記》的「陳千秋跋」，《康有爲全集》第一集，第 351 頁。
〔註12〕康有爲：《教學通義》，《康有爲全集》第一集，第 40 頁。
〔註13〕康有爲：《教學通義》，《康有爲全集》第一集，第 40 頁。

密切相關。在講學中,其教學主旨就是通過對春秋公羊學的講授宣傳其「改制變法」的主張,而講學中的內容,又被大量的吸收到他的經學著作中。康氏的教學中留下的講義和學生的課堂筆記,成爲反映這一時期康有爲政治思想和學術思想的重要資料。而完成於戊戌之前的三部重要經學著作《新學僞經考》、《孔子改制考》、《春秋董氏學》都能從這些「教學檔案」中找到其思想和學術的來源,以及教學活動和學術著述相契合之處。這一時期重要的「教學檔案」保持在《康有爲全集》中的有《長興學記》、《康南海先生講學記》、《萬木草堂口說》、《南海師承記》、《萬木草堂講義》、《桂學答問》等。要考察康有爲寫作《春秋董氏學》的學術背景及其書中思想與內容的來源和素材,就需要對上述康有爲的「教學檔案」進行分析。同時,《春秋董氏學》係康有爲發動其門人弟子集體編著而成,因此,參與編著此書的學生在日常教學中所受之學術影響,也會在書中體現出來。但迄今爲止,學術界對康有爲的這些「教學檔案」並未給予足夠的關注。

　　這六部著作陸續完成於 1891 年到 1897 年,如果說 1890 年之前是康有爲思想的萌芽和初步形成時期,這七年則是康有爲學術與思想形成、發展和走向成熟的重要時期。1891 年康有爲刊刻《新學僞經考》,標誌其今文經學立場的正式形成,然而其今文經學理論的構建,並非一蹴而就,《新學僞經考》只是一個開端,康氏的今文經學理論體系還有很多向需發展和構建之處,其走向成熟則是在戊戌變法前夜,《孔子改制考》和《春秋董氏學》的完成與出版。因此,這七年間是康有爲完善今文經學理論體系的時期,也是其「董氏學」研究不斷深入發展的時期。

　　這一時期,康有爲除了組織「公車上書」、強學會,辦報刊宣傳變法之外,講學是其重要活動。講學活動中,康有爲自編之講義、答問,以及門人弟子等根據康有爲講課內容所整理的講義筆記均反映出康有爲講學涉及的範圍十分寬泛、內容豐富,涉及政治、經濟、學術、教育等諸多方面。康有爲完成於這一時期的經學著作,在這些「教學檔案」中都有所反映,因此它們是研究康有爲政治思想和學術思想形成時期的重要資料。二十世紀八十年代後期,這些「教學檔案」被收入陸續出版的《康有爲全集》中,有的著作的單行本也已出版,給研究者提供了便利條件。因此,由這些「教學文檔」來考察這一時期康有爲「董氏學」形成的情況,對於探索康氏思想與學術的發展脈絡和變化過程,具有不可忽視的意義。由於康有爲的這些「教學檔案」內

容繁多，且很多以康門弟子隨堂抄錄和課堂劄記的講義、筆記等形式存在，書中條目詳略不同，也有不少重複和記載模糊之處。而康有爲此時的三部重要經學著作《新學僞經考》、《孔子改制考》、《春秋董氏學》都是文上十幾萬字、幾十萬字的著作，要梳理和分析「教學文檔」與「經學著作」之間的關係，是一個相當龐大的工程。限於篇幅和論文的寫作主題，在此僅就康有爲的「教學文檔」涉及「董氏學」的有關論述爲視角和出發點，對這一問題進行闡述。

一、《桂學答問》與康有爲「董氏學」研究的關係

　　1894 年 11 月，康有爲到廣西桂林講學四十日，並著《分日讀書課程表》及《桂學答問》等宣傳孔子改制思想，並列舉西學書目，作爲指導學生閱讀書籍。康有爲《我史》中自述其《春秋董氏學》、《孔子改制考》以及《日本書目志》等書即緣於此次講學。這一時期講學桂林所著之《桂學答問》是反映康有爲學術思想的重要著作，對於理解《春秋董氏學》的編撰背景十分重要。《桂學答問》要回答的第一個問題就是如何才能夠做到「學宗孔子」：「天下之所宗師者，孔子也。義理制度皆出於孔子，故學者學孔子而已。孔子去今三千年，其學如何在？曰：在『六經』，夫人知之，故經學尊焉……今爲學者覓駕海之航，訪導引之人。有孟子者，古今稱能學孔子，而宜可信者也。由孟子而學孔子，其時至近，其傳授至不遠，其道至正，宜不歧誤也。」〔註14〕而學宗「六經」，亦當有所側重，這就是今文學派所重視的「春秋經」及其「公羊傳」：「然則孔子雖有六經，而大道萃於《春秋》。若學孔子而不學《春秋》，是欲其入而閉之門也。學《春秋》當從何人？有左氏者，有公羊、穀梁者，有以三傳束高閣，獨抱遺經究始終者，果誰氏之徒也？曰，上折之於孟子，下折之於董子，可乎？孟子之言曰：『其事則齊桓、晉文，其文則史，其義則丘竊取之矣』故學《春秋》者，在其義不在其事與文。然則公、穀是而左氏非也。」〔註15〕這樣，康有爲就將學習孔子之道，由六經引向《春秋》，又由《春秋》引向《公羊傳》，並漸次引向孟子和董仲舒。而之所以這樣引伸，主要是這一傳承體系很好的繼承了孔子「改制」的思想：「孟子又曰『《春秋》天子之事』。又述孔子之言曰『知我罪我，其惟《春秋》』惟《公羊》有『王

〔註14〕康有爲：《桂學答問》，《康有爲全集》第二集，第 18 頁。
〔註15〕康有爲：《桂學答問》，《康有爲全集》第二集，第 18 頁。

魯改制』之說。董子爲漢世第一純儒，而有『孔子改制，《春秋》當新王』之說。《論衡》曰：文王之文，傳於孔子；孔子之文，傳於仲舒。則《春秋》微言大義，多在《公羊》，而不在《穀梁》也。」〔註16〕這樣，康有爲就以「改制」思想爲線索，將孔子之道與公羊傳和董仲舒密切的聯繫到一起。

　　要深入瞭解《公羊學》的要旨，必須先要瞭解公羊學在漢代的傳承情況，循其「正宗」，方能得其要義。康有爲在《桂學答問》中談到了漢代公羊學的傳承情況：「《春秋公羊》之學，董子及胡母生傳之。董子之學，見於《繁露》，胡母生之說，傳於何休，故欲通《公羊》者，讀何休之注、董子之《春秋繁露》。有義、有例、有禮，要皆孔子所改之制。分而求之，則《公羊》可通，而《春秋》亦可通矣。」〔註17〕這樣，康有爲就指出了董仲舒及其《春秋繁露》在春秋學中不可或缺的重要地位，學者可以從董仲舒而通《公羊》，由《公羊》而通《春秋》。不過，漢代畢竟距離遙遠，如何以近人關於公羊學的研究作爲入學的門徑呢？在講學中，康有爲對於清代的公羊學研究進行了分析和評價，給學生指出了以清代學者的公羊學研究爲基礎和入門的今文經學參考學習書目：「陳立《公羊義疏》，間有僞經，而徵引繁博，可看。劉氏逢祿，淩氏曙說《公羊》諸書，可看。」〔註18〕可見，常州學者的公羊學研究對康有爲有著重要影響。

　　在康有爲看來，之所以要不遺餘力的推薦「董氏學」，其根本原因在於它們蘊含了孔子「改制」思想的精髓：「孔子所以爲聖人，以其改制，而曲成萬物，範圍萬世也……《春秋》所以宜獨尊者，爲孔子改制之跡在也。《公羊》、《繁露》所以宜專信者，爲孔子改制之說在也。能通《春秋》之制，則『六經』之說莫不同條而共貫，而孔子之大道可明矣。」〔註19〕康有爲認爲，在漢代，「孔子改制」之說由於董仲舒等人的宣揚而盛極一時，其思想並非僅見於《春秋繁露》中，在漢代的史書典籍中均有所反映：「《春秋》成文數萬，其旨數千，皆大義也。漢人傳經皆通大義，非瑣屑訓詁名物也。故兩漢四百年，君臣上下制度議論，皆出《公羊》，以《史記》、《漢書》逐條求之可知也。」〔註20〕因此，追尋漢人關於孔子改制的敘述，是瞭解孔子思想精神的關鍵所

〔註16〕康有爲：《桂學答問》，《康有爲全集》第二集，第18頁。

〔註17〕康有爲：《桂學答問》，《康有爲全集》第二集，第18頁。

〔註18〕康有爲：《桂學答問》，《康有爲全集》第二集，第18頁。

〔註19〕康有爲：《桂學答問》，《康有爲全集》第二集，第18頁。

〔註20〕康有爲：《桂學答問》，《康有爲全集》第二集，第18～19頁。

在：「苟能明孔子改制之微言大義，則周、秦諸子談道之是非出入，秦、漢以來兩千年之義理制度所本，從違之得失，以及外夷之治亂強弱，天人之故，皆能別白而昭晰之。振其綱而求其條目，循其幹而理其枝葉，其道至約，而其功至宏也矣。」〔註21〕因此，在康有爲看來，孔子「改制」思想是儒家「義理制度」得失的評判標準，是孔子對儒學發展的重要理論創見。

因此，他極力向聽講的學生們推薦體現孔子改制大義的《春秋繁露》，稱其是貫通經學大義的捷徑：「公羊經傳並何注四本，《春秋繁露》四本，若聰敏之士，得傳授而提高鈞元，數日可通改制之大義。或不得傳授，或天資稍滯，能虛心講求，精思熟讀，亦不待一月，據可通貫。」〔註22〕不過，他讓學生熟讀《春秋繁露》，其目的並不在於學習典籍本事，而是要領會其中所蘊含的孔子改制的思想：「提出孔子改制爲主，字字句句以此求之，自有悟徹之日。若於孔子微言大義有所通入，則把柄在手，天下古今群書，皆可破矣。豈非其道至約，其功至宏乎？專言《公羊》、《繁露》者，乃就至約至易言之，仍當廣通孔門諸學以爲證佐。」〔註23〕因此，在康有爲看來，「改制」之說，不僅是孔子政治思想的核心，理解「改制」之說還是儒學入門的途徑。

康有爲在《桂學答問》後面列有應讀書目舉要，以備求學者參考閱讀。除了在答問中重點提及的《春秋公羊傳》、《春秋繁露》、《孟子》、《白虎通》等經學著作之外，還推薦了關於小學、史學、諸子學、地方志、西學、辭章之學等多門類的閱讀參考書籍。《桂學答問》後有梁啓超所作《學要十五則》，爲康有爲屬門人梁啓超「抽澤其條，以爲新學知道之助」，談了入學的門徑和讀書的次序。談到「五經」時，梁啓超認爲五經中「惟春秋《公羊》、《穀梁》二傳，巍然獨存，聖人經世之大義，法後王之制度，具在於是，其禮制無一不與群經相通。故言經學，必以春秋爲本。」〔註24〕其對於春秋學的見解與乃師如出一轍，即襃《公羊》而貶《穀梁》：「春秋之義，公、穀並傳，然《穀梁》注劣，故義甚闇窒，《公羊》注善，故義益光大。又加以董子《繁露》，發明更多，故言《春秋》，尤以《公羊》爲歸。」〔註25〕梁啓超在文中還提及

〔註21〕康有爲：《桂學答問》，《康有爲全集》第二集，第 19 頁。

〔註22〕康有爲：《桂學答問》，《康有爲全集》第二集，第 19 頁。

〔註23〕康有爲：《桂學答問》，《康有爲全集》第二集，第 19 頁。

〔註24〕梁啓超：《學要十五則》，《長興學記・桂學答問・萬木草堂口說》，北京：中華書局，1988 年，第 46 頁。

〔註25〕梁啓超：《學要十五則》，《長興學記・桂學答問・萬木草堂口說》，北京：中華書局，1988 年，第 46 頁。

了治公羊學的入門之法：「讀《公羊》，可分義、禮、例三者求之。故『元年
春王正月』條下，王者孰謂？謂文王也。曷爲先言王而後言正月、王正月也
之類？所謂義也。立適以長不以賢，立子以貴不以長，子以母貴，母以子貴
之類，所謂禮也。公何以不言即位之類，據常例書即位爲問，所謂例也。」〔註
26〕關於對待漢代公羊家著述的問題上，梁啓超認爲「董氏學」是瞭解公羊大
義的「最善之書」，並提供了以劉逢祿的公羊學著作作爲入門讀本的建議：「何
邵公解詁，本胡母生條例，皆公羊先師口說也，宜細讀。《春秋繁露》反覆引
申，以明公羊之義，皆《春秋》家最善之書。學者初讀公羊，不知其中蹊徑，
可先讀劉禮部《公羊釋例》，卒業後深究何注、繁露兩書，日讀十頁，一月而
《春秋》畢通矣。」〔註27〕從梁啓超的敘述中，我們也可以看到常州學派「董
氏學」研究對於晚清時期「董氏學」研究的影響與啓示。

　　可見，1894年底康有爲在桂林的講學活動中，多次涉及到了對「董氏學」
的論述和評價，這是其開始重視以「董氏學」來構建自己的經學理論的重要
表現。如果聯繫此後康有爲的經學著述，可以看出，他在《桂學答問》中十
分重視對孔子「改制」思想的論述，這和後來《孔子改制考》的成書關係密
切。而康有爲在《桂學答問》中大量的引述《春秋繁露》當中的內容，並向
學者推薦和介紹《春秋繁露》，並把它看作是領會孔子微言大義和改制思想的
重要典籍，則與後來康有爲及其弟子編寫《春秋董氏學》，對《春秋繁露》進
行詳細研究有著密切關係。

二、「董氏學」與康有爲的講學內容

　　康有爲的講學內容和所體現的思想，除了在《桂學答問》中闡述外，在
稍早的《萬木草堂口說》和《長興學記》中，以及康門弟子對其教學內容的
筆錄《萬木草堂講義》、《南海師承記》中，有著更爲具體和系統的敘述，這
些關於教學內容的材料中，體現了「董氏學」與其講學活動的密切聯繫：

（一）「董氏學」在儒學思想學術發展中的地位與作用

　　爲了說明「董氏學」在儒學思想發展史中的重要性，康有爲在教學內容

〔註26〕梁啓超：《學要十五則》，《長興學記・桂學答問・萬木草堂口說》，北京：中
　　　　華書局，1988年，第46頁。
〔註27〕梁啓超：《學要十五則》，《長興學記・桂學答問・萬木草堂口說》，北京：中
　　　　華書局，1988年，第46頁。

中，對《春秋繁露》一書的眞實性和重要性進行了辨析，針對宋代以來學者
對《春秋繁露》的質疑，他在承認該書存在篇章錯亂情況的同時，肯定其眞
實性：「宋程大昌、歐陽修皆攻《繁露》爲僞書，非也，然其篇數多錯則是。」
〔註28〕康有爲認爲，董仲舒的思想在儒學發展的歷史過程中，就其前世而言，
承接孔子思想的眞諦，並對先秦時期儒學各派，特別是孟子、荀子的學術思
想有所「揚棄」；與其同代而言，是漢代儒學的集大成者；就其後世而言，不
僅起到了傳承儒學文化傳統的作用，而且對宋代理學有著重要的啓發作用。
孟子和荀子是先秦時期儒家學派最重要的代表人物，是孔子思想的重要傳
人，但他們的思想差異很大，並在很大程度上影響了後世儒學的發展與派分。
康有爲在其教學內容中，多處涉及到了對孟子、荀子的評價，及「董氏學」
與孟、荀思想的關係。他認爲孟子和荀子之學，代表了儒學發展的兩種傾向：
「孟子，公羊之學；荀子，穀梁之學。孟子高明，直指本心，是尊德性，陸、
王近之；荀子沉潛，是道問學，朱子近之。」〔註29〕關於孟子和荀子對孔子
微言大義的繼承，他認爲「董子微言大義過於孟、荀」〔註30〕。而董、孟、
荀三人之所以成爲儒學發展史上的代表人物，在於其對於孔子思想的繼承，
而非獨創：「董、荀、孟三子之言，皆孔子大義，口授相傳，非三子所能爲也。」
〔註31〕就孟、荀而言，從總的評價來看，康有爲在教學中更推重於荀子之學，
並認爲董仲舒更多的是受荀子思想的影響：「讀《深察名號》篇，知董子傳荀
學，不傳孟學。」〔註32〕不過，他認爲董仲舒在荀子思想的基礎上又有所發
展：「《繁露》傳先師口說，尊於孟、荀。」「董子窮理過於荀，荀子過於孟子。
荀子專言人學而不言天，董子兼言之。」〔註33〕可見，在康有爲看來，董仲
舒在「天學」、「人學」、「窮理」等方面對先秦儒學進行了繼承和發展，其思
想成就超過孟子和荀子。

　　康有爲自述其推崇荀子之學的一個重要原因，卻是在於歷代頗爲儒者所
詬病的荀子的「性惡之論」，並對「性惡」之說做了解釋：「荀子言性惡，以
惡爲粗惡之惡。董子言生之謂性，是鐵板注腳。總之，性是天生，善是人爲。

〔註28〕康有爲：《萬木草堂口說》，《康有爲全集》第二集，第186頁。
〔註29〕康有爲：《萬木草堂口說》，《康有爲全集》第二集，第135頁。
〔註30〕康有爲：《萬木草堂口說》，《康有爲全集》第二集，第188頁。
〔註31〕康有爲：《萬木草堂口說》，《康有爲全集》第二集，第151頁。
〔註32〕康有爲：《萬木草堂口說》，《康有爲全集》第二集，第188頁。
〔註33〕康有爲：《萬木草堂口說》，《康有爲全集》第二集，第188頁。

其善僞也，僞字從人，爲聲，非詐僞之僞，謂善是人爲之也。」〔註34〕可見，在人性論上，康有爲肯定董仲舒對荀子人性論的理解和發展。

以上可以看出康有爲在教學過程中對於先秦兩漢時期，孔子後學中最重要的三個代表人物孟子、荀子、董仲舒學術淵源關係和地位的評價。他敘述董仲舒與孟子、荀子的學術繼承關係，並將三者做了比較，顯然是爲了提高董仲舒在儒學發展史上的地位。這種情況在後來的《春秋董氏學》中可以得到印證，如他在《春秋董氏學‧春秋改制》中認爲董仲舒的地位「自七十子以來，各尊所聞，難有統一之者，雖孟、荀猶滯於方隅。惟董子乃盡聞三統，所謂孔子之文傳之仲舒也」〔註35〕。不過，從中也可看出康有爲對上述問題的認識還存在相互矛盾之處。如他一方面認爲荀學憂於孟學，董仲舒繼承荀學多於孟學，但又說孟學爲「公羊之學」，而荀學爲「穀梁之學」，而另一方面在「公羊」和「穀梁」之間，又存在「褒公羊而貶穀梁」的現象，這不能不說是一種觀點上的自相矛盾。

（二）「董氏學」與孔子「改制思想」和「微言大義」的傳承

在康有爲看來，「董氏學」之重要作用，在於能夠傳承孔子思想的「微言大義」，爲儒家思想精髓的流傳奠定了基礎：「孔子微言大義，至董子始敢發揮。漢時孔學一統，人皆知尊之故也。《論衡》謂文王之文傳於孔子，孔子之文傳在仲舒。」〔註36〕而董仲舒所發揮孔子的「微言大義」，其核心在於進一步解釋了孔子的「改制」思想，爲了明確孔子改制思想的基本內涵，康有爲在《萬木草堂口說‧學術源流》、《萬木草堂口說‧孔子改制》等篇中，對「改制」的歷史淵源進行了解釋：「自古至今，以地而論，則中國與印度；以人而論，則儒與佛。儒者，孔子之國號也。孔子未改制以前，皆淫佚無度，而孔子以布衣整頓之……孔子以下，至本朝，宮室之制，皆出孔子；衣服之制，行至明朝……孔子製作，專重變易，故特立三統。能知此，而後可以讀孔書……孔子最重報施，禮無不答，故《記》言『凡非弔喪，非見國君，無不答拜』者，此平等之義也……春秋諸子多託古明權，各自立教，孔子發憤改制。」〔註37〕這裡，康有爲論述孔子改制思想的基本思路是將其與佛學相聯繫，進而由

〔註34〕康有爲：《萬木草堂口說》，《康有爲全集》第二集，第184頁。
〔註35〕康有爲：《春秋董氏學》，《康有爲全集》第二集，第370頁。
〔註36〕康有爲：《萬木草堂口說》《康有爲全集》第二集，第188～189頁。
〔註37〕《萬木草堂口說》，《康有爲全集》第二集，第133～135頁。

佛學中「衆生平等」思想而推衍出孔子改制中所蘊含的「平等之義」:「董子言知,自貴於物,故聖人敢於殺牲,但有節救。佛氏平等,故凡胎生、濕生、卵生,皆謂之衆生,平等也。」〔註38〕而孔子「改制」思想,之所以能夠爲後世所繼承,在於其微言大義中所包含的「變通」思想:「『百世以俟聖人而不惑。』由百世之後,等百世之王,以《春秋》治百世也。百世之後,窮則變通,又有三統。此改制之微言也。」這種變通思想體現在「三統」學說中,康有爲解釋說:「三統互用,而託周爲多,以孔子從文王故也。郁郁乎文,即文王也。」「孔子改制,皆託三代,故曰:述而不作。孔子立三年喪之制,而著之於書。蓋古者高宗嘗獨行之。孔子託古定制,故推以爲古之人皆然也。」〔註39〕

《南海師承記》是康有爲門人張伯楨於丙申至丁酉(1896至1897年)年間在萬木草堂「所受之學說,所錄之筆記,編撰而成」。據其《自序》中所言,書編成後,張曾郵寄上海,乞南海先生審定,乃赴刊刻。可見,此書爲康有爲門人上課據講授之實錄,並經康有爲審定,可以反映康有爲的教學狀況及其學術思想。《南海師承記》亦反映出康有爲在教學中刻意突出《春秋》及孔子的改制思想:「天下所宗師者,孔子也。義理制度皆出於孔子,故學者學孔子而已。孔子去今三千年,其學何在?曰在『六經』。夫人知之,故經學尊焉。凡爲孔子之學者,皆當學經學也……然則孔子雖有『六經』而大道萃於《春秋》,若學孔子而不學《春秋》,是欲其入而閉之門也。」〔註40〕關於孔子的「改制」思想,康有爲認爲這是孔子所處的春秋戰國時代的一個思想特點,諸子皆有改制思想:「諸子皆通大義,但其制不合孔子,故先儒不得不攻之耳。」〔註41〕這種「諸子改制」和先儒「攻諸子改制」的觀點,與其在《孔子改制考》中所論述的觀點可以相互印證。康有爲認爲,要領會孔子改制的思想,就必須求助於《春秋》及其《公羊傳》:「孔子所以爲聖人,以其改制而曲成萬物、範圍萬世也……《春秋》所以宜獨尊者,爲孔子改制之跡也;《公羊》、《繁露》所以宜專信者,爲孔子改制之說在也。能通《春秋》之制,則『六經』之說莫不同條而共貫,而孔子之大道可明矣。」〔註42〕而《公羊傳》的

〔註38〕《萬木草堂口說》,《康有爲全集》第二集,第151頁。
〔註39〕《萬木草堂口說》,《康有爲全集》第二集,第150頁。
〔註40〕張伯楨整理:《南海師承記》,《康有爲全集》第二集,第211～212頁。
〔註41〕康有爲:《萬木草堂口說》,《康有爲全集》第二集,第151頁。
〔註42〕張伯楨整理:《南海師承記》,《康有爲全集》第二集,第212頁。

主要功能，專在於其對「改制」思想的敘述：「讀《公羊》先信改制，不信改制則《公羊》一書無用之書也。」〔註43〕而通過對《春秋繁露》中重要篇章《俞序》的分析，可以看到孔子弟子中，有多人都精通《春秋》：「子貢、閔子、公肩子、世子、世碩、曾子，皆傳《春秋》，《俞序》篇可見。」〔註44〕這也可以說明《春秋》在傳承孔子思想中的獨特作用。康有爲認爲，與《春秋》同屬「五經」的《易經》等典籍，也載有孔子改制的思想，可以做爲旁證：「《易》言生也，生必易二而後生，故《易》多言陰陽。《春秋》言治，治統於一，故《春秋》大一統也。」〔註45〕而被理學家所推重的《論語》，雖然是孔門弟子直接記錄孔子言行的典籍，但就其記述孔子改制思想的價值而言，並不如「六經」：「《論語》說孔子德行，改制則未言。孔子改制，見諸『六經』」〔註46〕除了《春秋》及其《公羊傳》外，《禮記》中的《王制》一篇，也是記述孔子改制的重要文獻：「《王制》，王者，素王也。舊制謂文王時，謬也。何以謂《王制》爲孔子改制之書？以其一與《公羊》同也。」〔註47〕顯然，康有爲重視《王制》的重要原因之一，是認爲其中突出了孔子「素王」的地位。

　　康有爲在教學中指出，「口說」對於傳續孔子思想有著不可替代的作用，而理解「口說」，則要通過對「董氏學」的瞭解：「《春秋》之意，全在口說。口說莫如《公羊》，《公羊》莫如董子。」〔註48〕不過，康有爲承認，由於口說傳承的不一致，導致了對孔子思想的不同理解和解釋，而使得後世解釋《春秋》的《公羊傳》、《穀梁傳》及《公羊傳》何注、《春秋繁露》等對於孔子口說的解釋出現差異：「凡今文家之殊異者，固由口說相傳，各有不同，且孔子一事或立兩義，且又立三統，故曰『《春秋》文成數萬，其旨數千』，《公》、《穀》之異，故當然也。且《公》、《穀》大義，亦有所無，而何注及繁露有者，觀此可知也。」〔註49〕

　　在康有爲看來，西漢之時以董仲舒爲代表的儒生，是專講「微言大義」

〔註43〕張伯楨整理：《南海師承記》，《康有爲全集》第二集，第261頁。
〔註44〕《萬木草堂口說》，《康有爲全集》第二集，第189頁。
〔註45〕《萬木草堂口說》，《康有爲全集》第二集，第148頁。
〔註46〕《萬木草堂口說》，《康有爲全集》第二集，第148頁。
〔註47〕《萬木草堂講義》，《康有爲全集》第二集，第295頁。
〔註48〕《萬木草堂口說》，《康有爲全集》第二集，第151頁。
〔註49〕《萬木草堂口說》，《康有爲全集》第二集，第186頁。

的。這種情況，可從《春秋繁露》中直接得到證明，從漢代的其他文獻中也可間接印證「董氏學」的歷史地位：「王充《論衡》云，文王之文，傳於孔子，孔子之文，傳在仲舒。」〔註50〕「孔學之聚訟者，不在心性而在禮制。《白虎通》爲十四博士薈萃之說，字字如珠，與《繁露》可謂孔門眞傳秘本，賴有此以見孔學，當細讀。」〔註51〕而自劉歆之後，這種學風發生了變化：「漢人傳孔學以經爲主，劉歆之後以博學爲主。劉歆校書之後，以校餘爲能。」康有爲認爲在董仲舒所生活的時期，本無「古文經」一說：「董子曾見河間獻王，豈有古文諸經而不知者乎？」〔註52〕因此，所謂曾爲後世所推崇的古文經學，不過是劉歆作僞的產物：「劉歆之《左傳》，杜預助成之。朱子謂《春秋》之微言大義有可不解者，蓋指《左傳》言也。」〔註53〕康有爲認爲，《左傳》的流行，則導致了《春秋》微言大義流傳的喪失。

（三）「董氏學」與儒學「義理」

「義理」之學，爲儒家學術思想的重要組成部分，它注重於道德倫理層面的解說，是儒家政治思想的理論基礎。孔子思想以「仁」爲核心，孟子思想的人性論基礎是「性善」，政治思想的精髓是「仁政」，都是儒家「義理」之學具有重要地位的體現。宋代，理學興盛，「義理」之學在儒學中的地位日益顯赫，「義理」之學注重對儒家倫理道德觀中的「仁」「義」、「孝」、「信」，及與義理有關的「理」、「性」、「情」、「欲」等概念的探討，這是義理之學的重要特徵。康有爲注重「董氏學」中與「義理」之學相關聯內容的討論，他發掘「董氏學」與儒學義理之學的關係，探尋「董氏學」與宋代理學之間的學術淵源關係。康有爲首先對「董氏學」對孔孟學說中「仁」的思想之繼承情況進行了探討：「然學也者，浩然而博，矯然而異，務逆於常，將何所歸乎？夫所以能學者，人也；人之所以爲人者，仁也。孟子曰：『人者，仁也。』荀子曰：人主仁，心設爲，知其役也。董子曰：仁者，人也；義者，我也。自黃帝、堯、舜開物成務，以厚生民，周公、孔子垂學立教，以迪來士，皆以爲仁也。」〔註54〕康有爲認爲，「仁」是儒家思想的核心，「求仁」是一切學

〔註50〕《萬木草堂口說》，《康有爲全集》第二集，第189頁。
〔註51〕張伯楨整理：《南海師承記》，《康有爲全集》第二集，第213頁。
〔註52〕《萬木草堂口說》《康有爲全集》第二集，第188頁。
〔註53〕張伯楨整理：《南海師承記》《康有爲全集》第二集，第261頁。
〔註54〕《長興學記》，《康有爲全集》第一集，第342頁。

問的旨歸所在，而董仲舒論仁，是對先秦儒家的繼承和發展。康有爲在課上講董仲舒論「仁」：「仁者，人相偶也，該一人而仁心無從出。董子言：仁以安人，義以正我。孟子言：道二，仁與不仁而已。仁則榮，不仁則辱，十分直捷。」〔註55〕康有爲對董仲舒「仁論」的解釋不止於此，而是進一步將「仁」與「博愛」相聯繫，賦予其新的含義：「董子《必仁且智篇》說仁字極好。博愛之謂仁。」〔註56〕

在「人性論」方面，康有爲認爲董仲舒「論性」與告子同義，與漢代「緯書」所載相契合，而與孟子的人性論不同，但董仲舒的人性論卻代表了孔子的嫡傳口說：「董子性之名非生歟，與告子同義，又謂性者質也，又與《孝經緯》性者生之質也同，多是孔門嫡傳口說。」同樣，對於「孝」的理解，也是源自孔子口說：「董子解《孝經》：夫孝，天子之經也，地之義也，可知口說相傳。」《南海師承記》還反映出康有爲談「性理」之學時，認爲宋代理學家的「性理之學」不及董仲舒：「理以《易》爲至，凡講性理不出中字外，無學問斷不能講性理。宋人講義理不及董子，董子以天心爲主。」〔註57〕可見，康有爲對「董氏學」中「性理」之學的解說，意在提高董仲舒的歷史地位。

（四）指明「董氏學」的入門途徑

康有爲的講學重點在於講授致用之學，關於學習的內容和目的，康有爲認爲貴在學有實效，而這種注重實效的學習理念，也源自於董仲舒：「學者，效也。有所不知，效人之所知；有所不能，效人之所能。若已知、已能，共知、共能，則不必學；不知、不能，而欲知、欲能，故當勉強也。董子曰『勉強學問，則聞見博而知益明；勉強行道，則行日起而有功也』。」〔註58〕在中國傳統學術中，孔子之學是講求實效的，後世儒學在發展中的派分，如「漢學」和「宋學」都是對孔子之學一定方面的側重：「孔子之學，有義理，有經世。『宋學』本於《論語》，而《小戴》之《大學》、《中庸》及《孟子》佐之，朱子爲嫡嗣，凡宋、明以來之學，皆其所統，宋、元、明及國朝《學案》，其眾子孫也，多於義理者也。『漢學』則本於《春秋》之《公羊》、《穀梁》，而《小戴》之《王制》及《荀子》輔之，而以董仲舒爲《公羊》嫡嗣，劉向爲

〔註55〕張伯楨整理：《南海師承記》，《康有爲全集》第二集，第249頁。
〔註56〕張伯楨整理：《南海師承記》，《康有爲全集》第二集，第250頁。
〔註57〕張伯楨整理：《南海師承記》，《康有爲全集》第二集，第233頁。
〔註58〕《長興學記》，《康有爲全集》第一集，第341頁。

《穀梁》嫡嗣，凡『漢學』皆其所統，《史記》、兩漢君臣政議，其支派也，近於經世者也。」〔註59〕顯然，康有爲更爲推崇以「經世」著稱的，以今文經學爲特徵的「西漢之學」。因此，他在教學中提出的讀書入學的門徑是：「今與學者先讀四史，俾其頗知學問門徑，然後輪讀四禮、四傳、隨於讀時發其旨義。學者一歲之中，未能該博，然能通四史、四傳、四禮，由董、劉而述《春秋》，因朱、陸而求《論語》，深沉之以《四朝學案》，博考之以《通鑑》、《通考》，經史大義，聖道統緒，爲學本末，亦已得其綱領矣。」〔註60〕當然，康有爲認爲，經學典籍中最爲重要的還是《春秋》，而《春秋》的入門途徑則大有講究：「學《春秋》當從何人？有《左氏》者，有《公羊》、《穀梁》者，有以《三傳》束高閣，獨抱遺經究始終者。果誰是之從也？曰：上折之於孟子，下折之於董仲舒，可乎？孟子之言曰：其事則齊桓、晉文；其文則史；其義則丘竊取之矣。故學《春秋》者在其義，不在其事與文……惟《公羊》有王魯改制之說。董子爲漢世第一純儒，而有孔子改制，《春秋》當新王之說。《論衡》曰『文王之文傳於孔子，孔子之文傳於仲舒』則《春秋》微言大義多在《公羊》而不在《穀梁》也。」〔註61〕這裡，康有爲認爲，要領會春秋公羊學的學術主旨，就必須從董仲舒的思想中探析公羊學的「大義」所在。

董仲舒的思想距今已有兩千年的時代距離，如何從後人對「董氏學」的研究材料入手，瞭解公羊學的主旨，則要從清代公羊學者的著述入手：「《春秋》、《公羊》之學，董子及胡母生傳之。董子之學見於《繁露》，胡母生之說傳於何休，故欲通《公羊》者，讀何休之注、董子之《春秋繁露》。有義、有例、有禮，要皆孔子所改之制，分而求之，則《公羊》可通，而《春秋》亦可通矣。陳立《公羊義疏》，間有僞經，而徵引繁博，可看。劉氏逢祿、淩氏曙說《公羊》諸書可看。」〔註62〕以康有爲看來，從「董氏學」入手瞭解公羊學所傳孔子改制思想的精髓，無疑是讀書治學的簡單有效途徑：「《公羊經傳》並何休注四本，《春秋繁露》四本，若聰敏之士得傳授而提要鈎元，數日可通改制之大義。或不得傳授，或天資少滯，能虛心講求，精思熟讀，亦不待一月俱可通貫。」〔註63〕而除了《公羊傳》、《春秋繁露》外，學習者還應

〔註59〕 《長興學記》，《康有爲全集》第一集，第347～348頁。

〔註60〕 《長興學記》，《康有爲全集》第一集，第348～349頁。

〔註61〕 張伯楨整理：《南海師承記》，《康有爲全集》第二集，第212頁。

〔註62〕 張伯楨整理：《南海師承記》，《康有爲全集》第二集，第212頁。

〔註63〕 張伯楨整理：《南海師承記》，《康有爲全集》第二集，第212頁。

參考其他相關典籍，以爲補充：「專言《公羊》、《繁露》者，乃就至約至易言之，仍當廣通孔門諸學以爲證佐，《穀梁》同傳大義，當與《公羊》分別求之……《大戴禮》當與《小戴禮記》同讀，皆孔門口說，至精深也。《尚書大傳》、《韓詩外傳》亦皆孔門口說，與《繁露》、《白虎通》同重。」〔註64〕從中可以看出，康有爲重視西漢有關今文學的其他著作，注重用西漢的典籍來佐證《春秋繁露》：「西漢時書結經說，宜讀。如陸賈《新語》、賈子《新書》、《鹽鐵論》、劉向《說苑》、《新序》、《列女傳》，皆今文家純完之書，可與《公》、《穀》互證。且七十子口說，大義存焉，可爲瑰寶。《太元》、《法言》、《論衡》，有雜僞說，可擇觀之，然亦有今文學可互證也。」〔註65〕這在後來的《春秋董氏學》中多有例證，如他常引《說苑》、《論衡》等來論述董仲舒學說，以《公》、《穀》相互印證，在書中都有體現。

　　而對於近代學者，康有爲最爲推崇的是常州學派的劉逢祿，認爲其今文經學研究，對於今文經學的發揚光大起到了不可替代的作用，也是後來學者瞭解公羊學不可或缺的學術資源：「兩千年之後能發揮《公羊》之學者，劉申受之釋例，何邵公之注，其功實大。」〔註66〕「國朝知《公羊》者，劉申受、陳立人，凌曉樓數人而已。」〔註67〕由此可見，康有爲的「董氏學」雖然與常州學派並無直接的師承關係，但深受其啓發和影響，確是事實。

　　由上述分析可見，從《桂學答問》、《萬木草堂口說》、《長興學記》、《南海師承記》、《康南海先生講學記》、《萬木草堂講義》等反映康有爲講學內容和思想的材料中，可以看到其關注「董氏學」研究的基本情況。從總體上來講，這種研究的系統性還不強，論述較爲分散，這也基本上體現了康有爲早期「董氏學」研究的一般狀況。而在這些講學內容中，康有爲對於「董氏學」中的重要內容和概念，如「孔子改制」、「孔子口說」、「張三世」、「通三統」等問題，均有所涉及，這爲他以「董氏學」爲重要理論依據，發展其今文經學理論和社會變革思想，並寫作《孔子改制考》和《春秋董氏學》等經學著作，奠定了基礎。而從《孔子改制考》、《春秋董氏學》中有關「董氏學」內容的分析來看，也可以看到康有爲早期講學內容的痕跡。

〔註64〕張伯楨整理：《南海師承記》，《康有爲全集》第二集，第212～214頁。
〔註65〕張伯楨整理：《南海師承記》，《康有爲全集》第二集，第214頁。
〔註66〕張伯楨整理：《南海師承記》，《康有爲全集》第二集，第261頁。
〔註67〕張伯楨整理：《南海師承記》，《康有爲全集》第二集，第258頁。

第三節 「董氏學」與《孔子改制考》相關內容的關係 分析

　　《孔子改制考》是康有爲否定古文經，轉向今文經後，建立其經學理論最爲重要的著作，其重要意義在於通過塑造孔子爲「新王」的歷史地位和論證孔子「創教改制」可信性來爲其社會變革思想提供學理依據。而對孔子「新王」地位的塑造和「創教改制」的論述，都離不開以「董氏學」的有關思想理論做爲基礎。

一、「董氏學」對《孔子改制考》撰寫的影響

　　《孔子改制考》與《春秋董氏學》的寫作時間大體在同一時期，在《孔子改制考》中可以較爲清晰的看到「董氏學」對於康有爲闡述「孔子改制」思想的作用。康有爲在《孔子改制考》一書中對於董仲舒在儒學發展史上的地位給予充分肯定。該書卷二十一《漢武帝後儒教一統考》中回顧了漢武帝時儒學在董仲舒等人的倡導下獲得「獨尊」地位的過程。康有爲引述《史記‧儒林傳》和《漢書‧董仲舒傳》對這段歷史的記載：「董仲舒，廣川人也。以治《春秋》，孝景時爲博士。下帷講誦，弟子傳以久次相受業，或莫見其面，蓋三年董仲舒不觀於舍園，其精如此。進退容止，非禮不行，學士皆師尊之。居家，至卒，終不治產業，以修學著書爲事。故漢興至於五世之間，唯董仲舒名爲明於《春秋》，其傳公羊氏也。」〔註68〕「仲舒下帷發憤，潛心大業，令後學者有所統一，爲群儒首。」康有爲在此兩條引述後所加的按語是：「大業一統於董子，故爲群儒首。此漢高之韓信，藝祖之曹彬，明祖之徐達也。故論功作配，應以董子充四配之列。」〔註69〕康有爲認爲董仲舒在漢代復興和光大儒學的歷史地位不亞於歷代的開國功臣，並比之於儒家「四配」——復聖顏回、宗聖曾參、述聖孔伋、亞聖孟軻，可見推崇之高。

　　此外，對比《春秋董氏學》卷七之《傳經表》和《孔子改制考》之《漢武帝後儒教一統考》，可以從中發現二者之間的密切關係。《漢武帝後儒教一統考》一卷主要說明漢武帝後儒教一統天下，成爲官方學術和國家的意識形態。其中「兩漢學人皆從儒教」一部分，列舉了兩漢傳授「五經」的學者數

〔註68〕康有爲：《孔子改制考》，《康有爲全集》第三集，第248頁。
〔註69〕康有爲：《孔子改制考》，《康有爲全集》第三集，第248頁。

百人，主要依據《史記》、《漢書》、《後漢書》中的記載，對《詩》、《書》、《禮》、《易》、《春秋》的師承情況進行了詳細的描述，這部分可以看作是對漢代經學傳授史的一個簡單的概述。其中關於《春秋》傳承的情況所引《史記》、《漢書》、《後漢書》中記載的董仲舒後世的傳經儒者嬴公、褚大、殷忠、呂步舒、孟卿、眭孟、貢禹、嚴彭祖、顏安樂等等，以至於東漢的丁恭、甄宇、鍾興、周澤、李育、何休等。對比《春秋董氏學・傳經表》，二者所記人物和傳承順序基本一致。如《傳經表》中，分列《傳嚴氏春秋表》和《傳顏氏春秋表》，將董仲舒後「公羊學」由嚴彭祖和顏安樂分傳的兩大系統區分開來。而《漢武帝後儒教一統考》中，也引述《漢書・儒林傳》關於嚴、顏分傳《春秋》的記載：「嚴彭祖與顏安樂俱事眭孟。孟弟子百餘人，唯彭祖、安樂爲明，質問疑誼，各持所見。孟曰：《春秋》之意，在二子矣！孟死，彭祖、安樂各顓門教授。由是《公羊春秋》有顏、嚴之學。」〔註70〕由於《春秋董氏學》和《孔子改制考》的編著和出版，基本處於同一個時期，由此可以看出二者之間在內容和學術根基上的相互印證。所不同之處在於，《傳經表》是專門歸納和列舉董仲舒之後「春秋學」的傳承情況的，對於《春秋》師承關係的考證與列舉更爲專門和詳細。而《漢武帝後儒教一統考》的「兩漢學人皆從儒教」部分，由於是敘述學人的「五經」傳授情況的，關於「春秋學」的傳承的介紹要簡略許多。從引證文獻的角度而言，《傳經表》除了《史記》、《漢書》、《後漢書》等兩漢文獻外，還引用了《隸釋》、《金石錄》、《金石萃編》、《華陽國志》、《謝承書》、《魏略》等其他時期的多種文獻加以考證，使得《傳經表》對董仲舒後「春秋學」的傳承情況的列舉更加翔實。

二、「董氏學」與塑造孔子爲「新王」

在公羊學中，爲了證明孔子具有「改制」的資格，就要塑造孔子爲「新王」、「素王」的形象。同時，還要證明孔子的「改制思想」通過「口說」流傳了下來，而能夠接續孔子口說的，則是董仲舒。康有爲在按語中說：「王降以風，夷於諸侯，蓋孔子大義。《詩》云：『赫赫宗周，褒姒滅之。』周道亡於幽、厲，自是孔子以《春秋》繼周，改周之制，以周與宋同爲二王後。故《詩》之『三頌』，託王魯、新周、故宋之義，運之三代，傳之口說，著之《公

〔註70〕康有爲：《孔子改制考》，《康有爲全集》第三冊，第251頁。

羊》、《穀梁》，大發明於董子。太史公、劉向、何休皆無異辭。示周不興，孔子乃作。何邵公所謂『不可書見，口授弟子者』也。」〔註71〕而孔子之所以被稱之爲「新王」，在康有爲看來，董仲舒的宣揚起到了關鍵的作用，他引用《春秋繁露》加以證明：「故孔子立新王之道，明其貴志以反和，見其好誠以滅僞，其有繼周之弊，故若此也。」〔註72〕康有爲在其後的按語中認爲：「董子直謂孔子爲『新王』、『繼周』。董子一醇儒，豈能爲此悖謬之論？蓋孔門口說之傳也。」〔註73〕康有爲進而認爲，孔子改制的主張和思想，正是靠著董仲舒的進一步發揮，才得到流傳和光大，例如，對於「新王」之意，董仲舒並非僅僅停留在「傳遞口說」，而在於進一步的解釋。康有爲接下來引證《春秋繁露》加以論證：「《春秋》作新王之事，變周之制，當正黑統。而殷、周爲王者之後，絀夏，改號禹謂之帝，錄其後以小國。故曰：絀夏、存周，以《春秋》當新王。」〔註74〕在康有爲看來，董仲舒不僅解釋了「新王」的含義，而且進一步推論出孔子就是所謂的「新王」：「董生更以孔子作新王，變周制，以殷、周爲王者之後。大言炎炎，直著宗旨。孔門微言口說，於是大著。孔子爲改制教主，賴董子大明。」〔註75〕

　　既然孔子爲「新王」，那麼「新王」與「改制」之間是什麼關係，「改制」的內涵又是什麼？康有爲認爲，這些在董仲舒的《春秋繁露》中都可以找到答案：「今所謂新王必改制者，非改其道，非變其理。受命於天，易姓更王，非繼前王而王也。若一因前制，修故業，而無有所改，是與繼前王而王者無以別。受命之君，天之所大顯也……故必徙居處，更稱號，改正朔，易服色者，無他爲，不敢不順天志以明自顯也。」〔註76〕除了對於「新王」的論述外，在本卷中，康有爲還給孔子披上「素王」、「聖王」、「先王」、「後王」、「王者」等神聖的外衣，引用《孟子》、《莊子》、《荀子》、《淮南子》、《春秋繁露》、《說苑》、《論衡》、《白虎通義》、《漢書》、何注《公羊傳》、《春秋緯》、《古微書》等多部文獻來論述，引用條目多達52條，其中引自《春秋繁露》的共13條，占到了四分之一，是所引證各文獻中最多的。

〔註71〕康有爲：《孔子改制考》，《康有爲全集》第三集，第103頁。

〔註72〕康有爲：《孔子改制考》，《康有爲全集》第三集，第103頁。

〔註73〕康有爲：《孔子改制考》，《康有爲全集》第三集，第103頁。

〔註74〕康有爲：《孔子改制考》，《康有爲全集》第三集，第103頁。

〔註75〕康有爲：《孔子改制考》，《康有爲全集》第三集，第103頁。

〔註76〕康有爲：《孔子改制考》，《康有爲全集》第三集，第103頁。

　　「新周、故宋、王魯」本爲公羊學闡釋孔子政治思想的重要內容，歷代的公羊學者由於摻入了自己的學術觀點和政治主張，對其解釋不盡相同。康有爲在宣揚「孔子改制」的同時，十分注重對孔子「託王於魯」思想的解釋。其意義在於，一是闡述「春秋重義不重事」的觀點，是政治類書籍，而非普通經書。他引述《春秋繁露》加以證明：「今《春秋》緣魯以言王義，殺隱、桓以爲遠祖，宗定、哀以爲考妣，至尊且高，至顯且明。」而《春秋》中用詞的頗費苦心，也充分顯示出孔子注重「微言大義」的特點，康又引用《春秋繁露・王道》加以證明：「諸侯來朝者得褒，郳婁儀父稱字，滕、薛稱侯，荊得人，介葛盧得名。內出言如，諸侯來曰朝，大夫來曰聘，王道之意也。」〔註77〕之所以對於不同的情況有不同的筆法和稱謂，是在於以此來闡明「王道」。然而，孔子所在的春秋末年，禮崩樂壞，周王室也無可挽回的走向了衰落。在康有爲看來，孔子將這種「王道」思想寄託於其所在的魯國，他在隨後的按語中說：「緣魯以言王義，孔子之意，專明王者之義，不過言託於魯以立文字。即如隱、桓，不過詫爲王者之遠祖；定、哀，爲王者之考妣；齊、宋，但爲大國之譬；郳婁、滕侯，亦不過爲小國先朝之影。所謂『其義，則丘取之』也。」〔註78〕

　　在康有爲看來，《春秋》對於歷史事件的記載，其事件本身的客觀性並不是最重要的，重要的在於藉此以寄予某種政治價值觀。所以，康有爲在此也不忘對古文經學「重事」而「輕義」的觀點加以抨擊：「自僞《左》出，後人乃以事說經，於是，周、魯、隱、桓、定、哀、郳、滕皆用考據求之，癡人說夢，轉增疑惑。知有事，而不知有義。」這樣做的結果，就是導致：「知有事，而不知有義，於是孔子之微言沒，而《春秋》不可通矣」〔註79〕而在接續孔子「託王於魯」和「改制」思想上做出傑出貢獻的，是董仲舒：「尚賴有董子之說得以明之。不然，諸侯來曰朝，內出言如，魯無鄙疆，董子何愚若此？所謂辭之重，意之復，必有美者存焉。」〔註80〕康有爲還以「三統說」來論證「託王於魯」的可信性。他引用《春秋繁露・三代改制》篇的有關內容加以說明：「故《春秋》應天作新王之事，時正黑統，王魯，尚黑，絀夏，

〔註77〕康有爲：《孔子改制考》，《康有爲全集》第三集，第108頁。
〔註78〕康有爲：《孔子改制考》，《康有爲全集》第三集，第108頁。
〔註79〕康有爲：《孔子改制考》，《康有爲全集》第三集，第108頁。
〔註80〕康有爲：《孔子改制考》，《康有爲全集》第三集，第108頁。

親周，故宋」爲了說明「三統」與「三代改制」之間的必然聯繫以及「託王於魯」的確實可信，康有爲還在按語中將《詩經》的「三頌」與「三統」及「王魯」相聯繫：「《詩》有「三頌」：《周頌》、《魯頌》、《商頌》，孔子寓新周、故宋、王魯之義。不然，魯非王者，何得有頌哉？」〔註81〕顯然，在這裡康有爲將「三頌」與「三統」相聯繫，並以此解釋《詩經》中「魯頌」的得名，有牽強附會之嫌。而康有爲卻對此頗爲自信，認爲這一觀點之所以未能爲世人所認知，皆在於古文經學的篡亂：「自僞《毛》出，而古義湮，於是，此義不復知，惟太史公《孔子世家》有焉。」不過，《史記》的記載畢竟爲「孤證」，康有爲隨之又舉出了何休和董仲舒的證據：「公羊傳《春秋》託王於魯，何注頻發此義，人或疑之。不知董子亦大發之。蓋《春秋》之作，在義不在事，故一切皆託，不獨魯爲託，即夏、商、周之三統，亦皆託也。」〔註82〕

康有爲之意在於說明，「王魯」本之於「三統」理論，並和先秦的典籍相互印證，「王魯」之意體現了《春秋》「重義不重事」的特點，是孔子「託古改制」理論的核心部分。這一觀點雖然由於「僞古文經」的盛行而不被彰顯，但通過考察《史記》以及董仲舒、何休等人的論述，是可以恢復其本來面目的。在「孔子託古於魯」這一部分，康有爲主要引證了《春秋繁露》和何注《公羊傳》中的相關語句。從征引的數量來看，引何注《公羊傳》多於《春秋繁露》，而就實際情況而言，何休對於「三統說」和「託王於魯」的論述確實比之董仲舒要詳細、系統。但從康有爲的論述來看，他似乎更重視《春秋繁露》中的相關內容。雖然只從《春秋繁露》中《奉本》、《王道》和《三代改制》篇各徵引了一段內容，但卻將其列於徵引的何注《公羊傳》之前，並在後面加上了兩段很長的按語給予解說和闡釋，在按語中對董仲舒大加稱讚。而對於隨後所引何注《公羊傳》語句，則未加任何按語。可見，在論證「三統」和「王魯」說時，康有爲更重視董仲舒的解釋，而將何休的解釋作爲輔證。此類情況還可見於隨後的康有爲對「孔子爲製法之王總義」的論述，在這部分論述中，康有爲引述《論語》、《史記》、《春秋繁露》、《淮南子》、《公羊傳》、《鹽鐵論》、《說苑》、《法言》、《春秋緯》、《易緯》、《後漢書》、《論衡》等十餘部先秦、兩漢的文獻來論證孔子是「製法之王」。在徵引的共計21條文獻中，雖然只有一條來自於《春秋繁露》，但康有爲對此條卻頗爲重視。一爲此條來自於《春秋繁露》的《俞

〔註81〕康有爲：《孔子改制考》，《康有爲全集》第三集，第108～109頁。
〔註82〕康有爲：《孔子改制考》，《康有爲全集》第三集，第109頁。

序篇》，按康有爲《春秋董氏學》中的分析，《俞序》爲《春秋繁露》一書的總序，是對董仲舒學說的總說，有提綱挈領之意。二是此句內容爲「孔子曰『吾因行事加吾王心焉，假其位號以正人倫』」語句雖短，卻是以引述孔子言論的形式出現，而非董仲舒的議論。託之於孔子之口，這就更加重了此句的權威性。而「加吾王心」和「以正人倫」之語，與要論述的主旨「孔子爲製法之王」相符合。三是加在此句下的按語是這部分中最重要的。此部分按語共有按語七條，此句下的按語長度超過其他六條總合，而所闡釋的內容也最詳細和完備：「孟子曰：《春秋》，天子之事。王衍期以文王爲孔子。自漢前莫不以孔子爲素王，《春秋》爲改制之書。其他尚不足信，董子號稱『醇儒』，豈爲誕謾？而發《春秋》作新王、當新王者，不勝枚舉。若非口說傳授，董生安能大發之？出自董子，亦可信矣……《春秋》爲一王之治，諸說並同，尚賴口說流傳。今得考素王之統者，賴是而傳耳。」〔註83〕對上述按語進行分析可以看出：一、康有爲認爲，《春秋》是孔子爲改制所作之書，《春秋》具有以孔子爲「新王」的作用與含義。二、董仲舒傳授和發揮了孔子的「口說」，使得孔子改制之說具有了可信性。三、從先秦、兩漢的其他文獻《詩經》、《論語》、《淮南子》、《說苑》等可以印證《春秋》符合「三統」和「改制」學說，也可以證明董仲舒對於孔子改制之學傳承的可信性。

三、借助「董氏學」，闡述「孔教」思想

創立「孔教」思想，是康有爲的重要政治主張，其具體的實施多在戊戌之後，但戊戌之前，「創教」的思想就已萌生，在《孔子改制考》和《春秋董氏學》中都有所體現。在《孔子改制考》中，康有爲認爲「創教」和「改制」是緊密聯繫的，他論述孔子的「創教」是爲了證明孔子「改制」思想的客觀性。

爲了論述孔子「創教」的可信性以及「創教」與「改制」的關係，康有爲認爲「創教」與「改制」是春秋戰國時期的社會發展趨勢，不僅孔子創教、改制，先秦諸子都有創教和改制活動。他在卷二《周末諸子並起創教考》、卷三《諸子創教改制考》、卷四《諸子改制託古考》、卷五《諸子爭教互攻考》等對先秦諸子的創教和改制的情況進行了考證和分析，以爲後來論述孔子創

〔註83〕康有爲：《孔子改制考》，《康有爲全集》第三集，第110頁。

教與改製作鋪墊。如其在卷二《周末諸子並起創教考》的卷首語中所論：「洪水者，大地所共也，人類之生，皆在洪水之後。故大地民眾皆蘆萌於夏禹之時。積仁、積智，二千年而事理咸備。於是才智之尤秀傑者，蜂出挺立，不可遏靡。各因其受天之質，生人之遇，樹論語，聚徒眾，改制立廢，思易天下……然皆堅苦獨行之力，精深奧瑋之論，毅然自行其志，思立教以範圍天下者也。」〔註84〕康有爲以先秦時期社會進步與發展的角度來解釋諸子思想的產生，確有一定的合理性。

而關於「創教」與「改制」的關係，康有爲認爲，諸子皆有改制的活動，他在卷四《諸子創教改制考》中認爲，諸子皆有改制的思想，改制是他們創教的目的。爲了證明這一觀點，康有爲對先秦諸子中墨子、管子、晏子、鄧析、公孫龍、商鞅、申不害、韓非子等人的改制思想進行了考察，在康有爲看來「孔子改制之說，自今學廢沒、古學盛行後，迷惑人心，人多疑之。」爲了論證孔子改制在先秦時期確實存在，康有爲的方法是從諸子入手，論證諸子皆有改制活動，即「吾今不與言孔子，請考諸子。諸子何一不改制哉？」，而造成諸子改制思想沒有流傳的原因，在於「後世風俗，法密如網，天下皆俯首奉法，無敢妄作者」。既然諸子之後，後世便無人創教，而諸子的「創教」與「改制」又融入到漢代爲董仲舒等人所建立的「新儒學」當中，因此，後人必須從董仲舒所闡發的孔子「創教」與「改制」思想中得到孔子思想的真諦，「凡大地教主，無不改制立法也。諸子已然矣。中國義理制度，皆立於孔子，弟子受其道而傳其教，以行之天下，移易其舊俗。若冠服、三年喪、親迎、井田、學校、選舉，尤其大而著者。」〔註85〕卷九《孔子創儒教改制考》即以董仲舒學說爲基礎和視角，論述孔子「創教」和「改制」的情況。在康有爲看來，董仲舒對孔子創教改制學說的論述，主要體現在《春秋繁露‧三代改制》篇，在引述了《三代改制》全篇之後，康有爲加以評論說：「孔子作《春秋》改制之說，雖雜見他書，而最精詳可信據者莫如此篇。稱《春秋》當新王者凡五，稱變周之制，以周爲王者之後，與王降爲風，周道亡於幽、厲同義。故以春秋繼周爲一代，至於親周、故宋、王魯，三統之說亦著焉，皆爲《公羊》大義。」〔註86〕

〔註84〕康有爲：《孔子改制考》，《康有爲全集》第三集，第8頁。
〔註85〕康有爲：《孔子改制考》，《康有爲全集》第三集，第111～112頁。
〔註86〕康有爲：《孔子改制考》，《康有爲全集》第三集，第114頁。

　　康有為認為，董仲舒對於孔子「創教」、「改制」思想傳承的作用，在於其能夠接續其「口說」，並將其著之成書，給後世留下了保持孔子「口說」的珍貴資料：「董子為第一醇儒，安能妄述無稽之謬說？此蓋孔門口說相傳非常異義，不敢筆之於書。故雖《公羊》未敢驟著其說。至董生時，時世殊易，乃敢著於竹帛。故《論衡》謂孔子之文傳於仲舒也。苟非出自醇實如董生者，雖有此說，亦不敢信之矣。幸董生此篇尤傳，足以證明孔子改制大義。」〔註87〕與《春秋董氏學》中引用緯書來論證「董氏學」重要性相似，康有為在此也多處引用緯書中的內容與《春秋繁露》相互印證來論證孔子的「創教」與「改制」：「《春秋》改周之文，從殷之質，故《春秋緯》多言素王。而《公羊》首言文王者，則又見文質可以周而復之義也。《繁露》之言『王者受命改制』，正與《緯》言『孔子受端門之命』同。孔子既為素王，則百王受治亦固其所，改制之說何足怪哉！」〔註88〕這樣，康有為就借助董仲舒之口，塑造了孔子為「素王」和「教主」的歷史形象和地位。

四、以「董氏學」論述孔子的「託古」思想

　　「託古」是孔子改制的重要特徵，康有為認為，孔子的「託古」思想，依靠《春秋繁露》較為完整的保留下來，通過考察《春秋繁露》，可以發掘孔子的「託古」思想。卷十一《孔子改制託古考》，康有為首先在卷首語中闡明了「託古」的必要性：「孟子曰：大人者，言不必信，惟義所在。斯言也，何為而發哉？大人莫若孔子，其為孔子改制『六經』言耶？慈母之養子也，託之鬼神，古昔以聳善戒惡。聖人愛民如子，其智豈不若慈母乎？子思曰：無徵不信，不信民弗從。欲徵信莫如先王。」〔註89〕康有為認為，孔子之所以要「託古」改制，原因不僅在於是因為「託古」可以使得民眾容易接受「改制」主張，更在於孔子以布衣改制，要面臨巨大的困難和阻力，而「託古」則可以減少這種阻力。如康有為所認為的：「布衣改制，事大駭人，故不如與之先王，既不驚人，自可避禍。」同為布衣的康有為，要完成「改制」的重任，自然也要效法孔子的「託古」之舉，康有為撰寫《孔子改制考》的根本目的，也就在於此。康有為認為，董仲舒對於孔子「託古」的良苦用心體察

〔註87〕康有為：《孔子改制考》，《康有為全集》第三集，第114頁。
〔註88〕康有為：《孔子改制考》，《康有為全集》第三集，第115頁。
〔註89〕康有為：《孔子改制考》，《康有為全集》第三集，第141頁。

至深，他引述《春秋繁露・俞序》中的語句加以論證，並在按語中說：「《春秋》以新王受命，而文王為受命之王，故假之以為王法，一切制度皆從此出。必託之文王者，董子《繁露》所謂時詭其實以有所諱也。必如是，而後可以避禍，而後可以託王。」「孔子以布衣而改亂制，加王心，達王事，不得不託諸行事以明其義。當時門人猶惑之，況門外者乎？此孔子之微言，董子能發明之。」〔註90〕

在康有為看來，孔子的「託之於古」，除了避禍和減少阻力之外，還在於孔子深知當時的政治形勢下，他的主張是無法實現的。而他「託古」之目的，是為了樹立「改制」的主張，建立一套溝通歷史的政治理論，為後世「立法」。他引述了《春秋繁露・符瑞》中對孔子「西狩獲麟」的解釋：「有非力之所能致而自至者，西狩獲麟受命之符是也。然後託乎《春秋》正不正之間，而明改制之義，一統乎天子，而加憂於天下之憂也。務除天下之所患，而欲上通五帝，下極三王，以通百王之道。」康有為在此條下面的解釋是：「孔子受天命，改亂制，通三統，法後王。託古改制之義，此條最為顯確，可無疑矣。」〔註91〕正是孔子的「託古改制」具有溝通歷史、示範後世的作用，在孔子思想遺產中，才十分重要，對後世的社會改革具有重要啟示意義。康有為認為，受董仲舒影響，司馬遷也深明孔子「託古改制」的大義。他引述《史記・太史公自序》加以證明：「太史公曰：余聞董生曰：『周道衰廢，孔子為魯司寇，諸侯害之，大夫壅之。孔子知言之不用，道之不行也，是非二百四十二年之中，以為天下儀表，貶天子，退諸侯，討大夫，以達王事而已矣』子曰：『我欲載之空言，不如見之於行事之深切著名也』」康有為在下面的按語中說：「太史公，董子嫡傳。《春秋》之學，皆有口說相傳，故深知孔子託古改制之義」。〔註92〕

《孔子改制考》是康有為戊戌之前最為重要的經學著作，是其發動變法的理論依據所在，《孔子改制考》的成書也標誌著康有為今文經學理論走向成熟。康有為寫作此書主要的目的就是要闡述孔子「託古改制」的可信性，他首先論證孔子是為後世立法的「新王」，而具備了這樣一種資格，孔子的「改制」才具有權威性，即所謂的「新王必改制」。孔子為「新王」及「新王」改

〔註90〕康有為：《孔子改制考》，《康有為全集》第三集，第 141 頁。

〔註91〕康有為：《孔子改制考》，《康有為全集》第三集，第 141 頁。

〔註92〕康有為：《孔子改制考》，《康有為全集》第三集，第 142 頁。

制，可以通過後世董仲舒所傳「口說」得到印證。因此「董氏學」在確立孔子歷史地位方面具有不可替代的作用。其次，《孔子改制考》中一個重要的觀點是關於孔子的「創教」思想，不過，與其說康有爲在論述孔子的「創教」思想，倒不如說是其藉此來闡述自己的「創教」主張，以此來宣傳其政治理想。而康有爲論述孔子的「創教」思想時，是借助引述董仲舒的《春秋繁露‧三代改制》篇來實現的。再次，康有爲認爲，孔子的「託古」思想，也依靠《春秋繁露》而比較完整的保留下來，並解釋「託古」的必然性和可能性，爲他自己「託古以言今」的經學解說方式找到了注腳。

可見，在《孔子改制考》中，關於「新王」、「改制」、「託古」以及「張三世」等重要命題的論述，康有爲都大量的運用了「董氏學」的有關觀點和材料，借助「董氏學」來宣揚孔子改制的主張。《孔子改制考》中所體現的「董氏學」的有關內容，又與其在講學中所涉及的「董氏學」有著較爲密切的關係。不過，康有爲在《孔子改制考》中所涉及「董氏學」的論述，只是從論證其「孔子改制」出發的相關內容，而非對於「董氏學」系統和全面的研究。這種系統而全面的研究則體現在和《孔子改制考》幾乎完成於同一時期的《春秋董氏學》中。而通過《春秋董氏學》的編著，康有爲提升董仲舒歷史地位，並將董仲舒塑造爲孔子之道的最重要傳人，他編著《春秋董氏學》的目的就是在於實現融孔子之道、「董氏學」及其自己的學術思想於一體，完成其今文經學理論體系的構建。

第三章 《春秋董氏學》的學理分析

在晚清的「董氏學」研究著述中,影響最大的當為《春秋董氏學》一書。關於《春秋董氏學》的編著情況,應係康有為及其弟子集體編著而成。參與該書編撰、校注的康門弟子,在書中注明或按語中提到的有徐勤、梁應騮、王覺任、陳國鏞、康同勳、鄭洪年、葉衍華、曹毅、張伯禎等九人。〔註1〕可見此書作者雖標明是康有為,但為集體編撰之作無疑。儘管如此,將《春秋董氏學》與康有為的其他今文經學著作做以對比,其主旨和主要觀點能夠反映康有為的基本學術思想,該書與其他學術著作相互之間存在著較為密切的關係,且康有為的經學著作中相當一部分存在由其門人參與和幫助編著,而由康有為本人加以審定的情況。因此,此書雖為集體編著,但並不影響其反映康有為的學術思想。

戊戌前康有為今文經學研究的主要著作有《新學偽經考》、《孔子改制考》、《春秋董氏學》〔註2〕。三部著作中,《新學偽經考》和《孔子改制考》

〔註1〕其中,在卷六《春秋微言大義》的最後一個詞條「夷狄」下的十七條「按語」,標明為「徐勤謹案」,而其他各卷「按語」均沒有明確標明按者為誰。另外,卷七《傳經表》的卷首語中,康有為明確說明了「因屬門人王覺任搜其後學,表其傳授,俾後世於孔門統緒流別得詳焉」,即《傳經表》為王覺任所編。

〔註2〕康有為今文經學研究的學術成果主要有《新學偽經考》、《孔子改制考》、《春秋董氏學》和《春秋筆削大義微言考》等書構成。康有為學術思想的精華主要集中在戊戌以前,之後的學術思想無論其思想性和影響性,都較之前期大為遜色。這四部書中《春秋筆削大義微言考》出版於戊戌之後,至戊戌時,康氏的今文經學思想已經基本成熟,此後則為補充和完善,創見和發展有限。而康有為的政治思想最具意義的,也是在戊戌之前,因此《春秋筆削大義微言考》無論其學術意義和現實意義,都不如前三者。

兩書最爲著名，並在社會上廣爲流傳，被人們普遍認爲是康氏發動戊戌變法的主要理論依據，而對於《春秋董氏學》卻鮮有人給予足夠的重視。不僅於當時並不如「兩考」那樣被人所關注，就是在一百多年之後的今天，學術界研究康有爲學術思想的時候，也較少提及此書〔註3〕。究其原因，大體可從兩個方面給予解釋：

　　一方面是「兩考」雖也爲學術著作，但更爲偏重「政治性」，無論是徹底否定「僞古文經」的《新學僞經考》，還是塑造孔子「改制」形象的《孔子改制考》，其成書都帶有很大的政治因素和目的，因此「兩考」絕非純粹的學術性著作。康有爲之歷史地位的形成，主要靠的不是他的學術影響和貢獻，而在於其作爲戊戌變法實際發起者和領袖的政治地位，那麼作爲其變法理論直接來源的「兩考「自然備受關注。而《春秋董氏學》是康有爲通過研究「董氏學」來爲其變法改制思想提供學術支撐的經學著作，直接論述和涉及現實政治的內容有限，更加偏重於「學術性」，其讀者也有限。這是《春秋董氏學》和「兩考」同爲經學研究著作而境遇不同的原因之一。

　　另一方面，則與康有爲、梁啓超等人對於這三部著作的宣傳與推重程度不同有著密切關係。康、梁等人爲實現推動社會變革的政治目的，對於刊佈的三部著作，更加注重大力宣傳「兩考」，而非《春秋董氏學》。這種情況，即便是在戊戌之後也未改變。如梁啓超的《清代學術概論》一書，有專論「康有爲是今文學運動的中心」一章，其中重點解釋了康氏的《新學僞經考》、《孔子改制考》、《大同書》三部著作，對於《春秋董氏學》則未給與提及。梁啓超認爲《新學僞經考》其意義是「實思想界之一大颶風也。」而《孔子改制考》的影響，梁啓超論之爲「其火山大噴火也，其大地震也。」〔註4〕梁啓超的論述深刻影響了後來學者對康有爲學術思想的認識和評價。此外，康有爲的三部經學著作出版之後，引起的反響也不同，「兩考」因爲觀點犀利、言辭激烈，引起了思想界、學術界的劇烈反映。或譽之，或毀之，皆不惜餘力，《新

〔註3〕以建國之後，這三本書單行本的出版情況，就可以看出它們受關注程度的不同。《新學僞經考》由中華書局出版於1953年，到1988年已第三次印刷；《孔子改制考》於1958年由中華書局出版，到1988年第2次印刷。《春秋董氏學》則晚至1990年才由中華書局出版。從研究狀況來看，發表於各類刊物的研究「兩考」的論文數量繁多，而專門研究《春秋董氏學》的迄今爲止，可見的只有三篇。

〔註4〕梁啓超：《清代學術概論》，《梁啓超論清學史二種》，上海：復旦大學出版社，1985年，第64頁。

學偽經考》還遭遇毀版風波，這就使得其政治影響和學術影響反倒因此而更加凸顯。

《春秋董氏學》成書於戊戌變法的前夜，具體編撰過程則經歷了幾年的時間，據康有為《我史》，光緒二十年（1894 年），有「桂林山水極佳，山居舟行，著《春秋董氏學》及《孔子改制考》」〔註5〕的記載，而第二年，即光緒二十一年（1895 年），因康有為北上京師，參加會試並中進士，以及發動「公車上書」，忙於參與政治活動而未見著書之記載。越明年，光緒二十二年（1896 年），康有為回廣州繼續講學於萬木草堂，遂完成此書，因此《我史》記載「講學於廣府學宮萬木草堂，續成《孔子改制考》、《春秋董氏學》。」〔註6〕光緒二十三年（1897 年）「是多幼博在上海大同譯書局刻《孔子改制考》、《春秋董氏學》。《日本書目志》成」〔註7〕。以上康有為關於《春秋董氏學》編撰過程的記載基本可信。可見，該書開始編撰於 1894 年，編成於 1896 年，1897 年由上海大同譯書局刻印出版。

第一節　《春秋董氏學》的基本內容

從《春秋董氏學》的基本內容和體系結構來看，全書 17 萬餘字，除《自序》外，正文共八卷，各卷題目分別為《春秋旨第一》、《春秋例第二》、《春秋禮第三》、《春秋口說第四》、《春秋改制第五》、《春秋微言大義第六》（上、下）、《傳經表第七》、《董子經說第八》，各卷除第八卷外，都有卷首語，以說明本卷的寫作主旨。各卷下共列有 187 個小題（另有 12 個附題），小題下面共附有 150 餘條按語。八卷中，一至六卷為康有為及其弟子摘錄董仲舒《春秋繁露》的內容，按照每卷的主題，加上卷標題和每卷的小標題。卷七是康有為弟子王覺任根據康有為「公羊學」的觀點編製的公羊學「傳經表」；卷八是《春秋繁露》中對「五經」和《論語》等儒家經典引用情況，以及涉及到訓詁等情況的一個歸納、總結和點撥。卷末附有《史記‧儒林列傳》和《漢書‧董仲舒傳》中對董仲舒記載的內容。以下對《春秋董氏學》自序和各卷的結構和主要內容做一個簡單的分析。

〔註5〕康有為：《我史》，《康有為全集》第五集，第 84 頁。
〔註6〕康有為：《我史》，《康有為全集》第五集，第 88 頁。
〔註7〕康有為：《我史》，《康有為全集》第五集，第 90 頁。

　　《自序》部分，意在於從總體上說明董仲舒學說的重要性，康有爲採取了層層遞進的方式，先是論述「道、教何從？從聖人。聖人何從？從孔子。孔子之道何在？在『六經』。『六經』粲然深美，浩然繁博，將何統乎？統一於《春秋》。」進而論述「惟《公羊》獨詳素王改制之義，故《春秋》之傳在《公羊》也。」〔註8〕意在突出《春秋公羊傳》的地位。再下一步，則是「朱子通論三代下人物，獨推董生爲醇儒。其傳師說最詳，其去先秦不遠。然則欲學《公羊》者，捨董生安歸？」將董仲舒的地位凸顯出來。自然，董仲舒最爲重要的著作《春秋繁露》就不得不詳加研究了，所以康有爲認爲，「雖然，公羊家多非常異義可怪之說，輒疑異之。吾昔亦疑怪之。及讀《繁露》，則孔子改制變周，以《春秋》當新王，王魯紬杞，以夏、殷、周爲三統，如探家人筐篋，日道不休。」〔註9〕由此我們可以看出，在《自序》中，康有爲通過闡述漸次讀書求教的基本途徑，即「孔子之道──《春秋》──《公羊傳》──董仲舒──《春秋繁露》」的方式，來闡揚董仲舒及其《春秋繁露》在儒學發展史上的地位。因此，求學論道，必須要遵循的門徑也就清晰了，即「因董子以通《公羊》，因《公羊》以通《春秋》，因《春秋》以通六經，而窺孔子之道本。」

一、對《春秋繁露》「主旨、事例、禮義、口說」之意的分析

　　《春秋董氏學》前四卷主要是按類摘錄董仲舒《春秋繁露》中的語句，將其附在每卷的各個專題中，每卷圍繞一個中心意思來編排。這一部分各卷按語不多，主要是通過對《春秋繁露》中對公羊學「主旨、事例、禮義、口說」內容的彙編，爲下一部論述「孔子改制」和「微言大義」思想做準備。

　　《春秋旨》是爲了敘述《春秋公羊傳》的作傳宗旨，康有爲在卷首導言當中說「夫《春秋》爲文數萬，其旨數千，今雖不能盡傳，而公、穀及董子、劉向、何邵公所傳《春秋》之旨，略可窺焉。」正是通過分析董仲舒等人的著述，從中可以窺見《春秋》的宗旨，於是「今專繹董子之說，以求《春秋》之義。」〔註10〕那麼，《春秋》之宗旨一言以蔽之是什麼呢？康有爲認爲，《春秋繁露》中《俞序》「得《春秋》之本」，康有爲在「按語」中給予概括，就

〔註8〕康有爲：《春秋董氏學》，《康有爲全集》第二集，第307頁。
〔註9〕康有爲：《春秋董氏學》，《康有爲全集》第二集，第307頁。
〔註10〕康有爲：《春秋董氏學》，《康有爲全集》第二集，第309頁。

是「以仁為天心。孔子疾時世之不仁，故作《春秋》，明王道重仁而愛人，思患而豫防，反覆於仁不仁之間。此《春秋》全書之旨也。」〔註 11〕圍繞這一全書之宗旨，在本卷中，康有為選取了奉天、敬賢重民、親德親親、得眾、察微、榮辱、處變大義等問題摘抄了《春秋繁露》的相關內容。

釋「例」是公羊傳解釋《春秋》的基本方法，從漢代到清代，闡述春秋公羊學的「微言大義」，都離不開對《春秋》中「事例」的解說。如劉逢祿的《何氏公羊釋例》就是典型的「釋例」之書。康有為認為，凡事莫不有例，「國律有例，算法有例，禮有升降例。樂有宮商譜，詩有聲調譜，亦其例也」〔註 12〕。而具體到經學研究，康有為認為公羊學與其他經學著作不同，捨例無以研究：「惟《春秋》體微難知，捨例不可通曉，以諸學言之，譬猶算哉。學算者，不通四元、接根、括弧、代數之例，則一式不可算。學《春秋》者，不知託王改制、五始、三世、內外、詳略、已明不著、得端貫連、無通辭而從變、詭名實而避文，則《春秋》等於斷爛朝報，不可讀也」〔註 13〕。不過，公羊學體系複雜，相關的釋例也不勝枚舉，以何為據呢？康有為的結論是「言《春秋》以董子為宗，則學《春秋》例亦以董子為宗。董子之於《春秋》例，亦如歐幾里得之於幾何也。」〔註 14〕他認為春秋釋例的緣起在於董仲舒，而其宗旨也要遵循董仲舒對公羊傳的解釋。在此，康有為借助其當時有限的西方自然科學知識，將董仲舒的釋例與歐幾里得發明的幾何原理相類比，借助西學知識以解釋公羊學，這對於公羊學研究是一個新的嘗試。康有為在《春秋例》中通過引用《春秋繁露》各篇內容，配之以「按語」，對「託王改制、五始、三世、內外、詳略、無通辭」等體現《春秋》大義的事例，闡發了自己的見解。

《春秋禮》是重點解釋《春秋》中涉及「禮制」的相關內容，「禮」在古代即指具體的「禮儀、規範」，又引申為典章制度，是古代社會生活和政治實踐中的重要內容。《春秋》及《公羊傳》作為側重談政治理論和實踐之書，「禮」的解釋和闡揚是其重要內容。因此，康有為在此卷的卷首語中說「孔子之作『六經』，其書雖殊，其道則未嘗不同條共貫也。其折衷則在《春秋》，故曰：

〔註 11〕康有為：《春秋董氏學》，《康有為全集》第二集，第 310 頁。
〔註 12〕康有為：《春秋董氏學》，《康有為全集》第二集，第 323 頁。
〔註 13〕康有為：《春秋董氏學》，《康有為全集》第二集，第 323 頁。
〔註 14〕康有為：《春秋董氏學》，《康有為全集》第二集，第 323 頁。

志在《春秋》。《春秋》爲改制之書，包括天人，而禮尤其改制之著者。故通乎《春秋》，而禮在所不言矣。」〔註15〕而古代「禮」的傳承中，董仲舒是不可或缺的人物，康有爲認爲「孔子之文，傳於仲舒，孔子之禮亦在仲舒。孔門如曾子、子夏、子游、子服景伯，於小斂之東西方，立嫡之或子或孫，各持一義，尚未能折衷。至於董子，盡聞三統，盡得文質變通之故，可以待後王而致太平，豈徒可止禮家之頌乎？其單詞片義，皆窮極元始，得聖人之意」〔註16〕可見，康有爲認爲，董仲舒在禮學傳統上接續孔子，並加以發揚光大，其思想可供後世加以發揮利用。不過，康有爲也指出，董仲舒關於禮的論說「蓋皆先師口說之傳，非江都所能知也，不過薈萃多而折衷當耳。」〔註17〕董仲舒對於「禮」的解釋並未窮盡「禮」的微言大義，而只是保持了孔子關於「禮」的口說，給後來者留下了可以利用和議論的資料。因而，接續董仲舒來認識孔子「禮」的思想，並加以發揚光大，就是當代人的責任了，故康有爲說「今摘《繁露》之言禮者，條綴於篇，以備欲通孔子之禮者考焉。」〔註18〕接下來康有爲就對「改元」、「授時」、「三正」、「考績」、「制度」、「田賦」、「刑罰」等政治觀念和制度，及「選舉」、「學校」、「章服」、「宮室」、「樂律」等典章制度，以及「冠」、「昏（婚）」、「喪」、「祭」、「封禪」等禮儀方面的共40個「專題」進行了摘抄和闡述。

卷四《春秋口說》一卷，體現了康有爲推崇和發揮孔子「口說」的觀點。與古文經學注重經典、凡論必有文字記載依據不同，今文經學認爲孔子思想相當程度上依靠「口口相傳」而得到傳承，而非完全「著之於經典」。因此，「口說」對於理解孔子思想的眞諦意義重大。爲了論證孔子「口說」的重要性和確實存在，康有爲不惜借用被其痛加批判的、「僞經」的始作俑者劉歆之言來論證：「《漢書‧藝文志》，劉歆之作也，曰：孔子褒貶當世大人威權有勢力者，不敢筆之於書，口授弟子。蓋《春秋》之義，不在經文，而在口說，雖作僞之人，不能易其辭。其今學相傳者勿論也。」〔註19〕康有爲認爲，理解孔子「口說」是明確《春秋》宗旨，理解「微言大義」的關鍵所在。綜合以往的經傳研究特點，康有爲提出了一個值得關注的現象，即「凡傳記稱引

〔註15〕康有爲：《春秋董氏學》，《康有爲全集》第二集，第330頁。
〔註16〕康有爲：《春秋董氏學》，《康有爲全集》第二集，第330～331頁。
〔註17〕康有爲：《春秋董氏學》，《康有爲全集》第二集，第331頁。
〔註18〕康有爲：《春秋董氏學》，《康有爲全集》第二集，第331頁。
〔註19〕康有爲：《春秋董氏學》，《康有爲全集》第二集，第356頁。

《詩》、《書》，皆引經文，獨至《春秋》，則漢人所稱，皆引《春秋》之義，不引經文。此是古今學者一非常怪事，而二千年來乃未嘗留意。」接下來，康有爲藉此批判了漢學的治學缺點：「閣束傳經，獨抱遺經，豈知遺經者，其文則史，於孔子之義無與？買櫝還珠，而欲求通經以得孔子大道，豈非南轅而北其轍？入沙漠而不求鄉導，涉大海而不求舟師，其迷罔而思反，固也。」〔註20〕康有爲認爲，要尋求《春秋》的主旨，就必須從董仲舒那裡尋求孔子的「口說」，而董仲舒爲何不類於其他經師，而獨傳孔子之「口說」呢？康有爲的解釋是，由於經學在西漢末年遭到了劉歆的篡改，使得孔子之道不著，幸好董仲舒的《春秋繁露》流傳下來，而保留了漢代流行於社會的孔子「口說」：「董子爲《春秋》宗，所發新王改制之非常異義及諸微言大義，皆出經文外，又出《公羊》外。然而以孟、荀命世亞聖，猶未傳之，而董子乃知之。」〔註21〕而董仲舒的《春秋繁露》並非僅僅是對《公羊傳》的注釋和解釋，而是加入了他大量的議論和闡述，這些並不見之於《公羊傳》。爲了解釋董仲舒傳「口說」的確鑿，康有爲又以今文經學的另外一部著作《穀梁傳》爲依據：「又，《公羊》家不道《穀梁》，故邵公作《穀梁廢疾》，而董子說多與之同，又與何氏所傳胡母生義例同。此無他，皆七十子後學，師師相傳之口說也。《公羊》家早出於戰國，猶有諱避，不敢宣露，至董子乃敢盡發之。」〔註22〕

　　就實際而言，康有爲論說孔子「口說」傳於董仲舒的論述，雖貌似證據確鑿，其實多牽強附會之論，很難經過嚴謹的推敲。不過，康有爲的最終目的並非在於考據史實，而是藉此來推衍「從孔子到董仲舒」的「口說」內容是什麼，以此爲自己發揮春秋公羊學的思想鋪平道路，因此，接下來他便「擇錄董子之傳口說者，以著微言之不絕焉」，通過對《春秋繁露》中董仲舒「口說」的摘錄來衍其大義。在本卷的具體摘錄中，康有爲及其弟子倒是頗具匠心，下了一番功夫。他們將《春秋繁露》中認爲是「傳口說」之語句，做了分類摘編。其分類標準是「與《穀梁》、何注同，出《公羊》外」；「與《穀梁》同，出《公羊》外。」；「與劉向同，出《公羊》外」；「與何注同，《經》、《傳》無義，知爲口說」；「與何注同，出《公羊》外」；「與漢儒所引同，出《公羊》外。」。可見，康有爲摘錄董仲舒關於《春秋》的「口說」時，是下了很大一

〔註20〕康有爲：《春秋董氏學》，《康有爲全集》第二集，第356頁。
〔註21〕康有爲：《春秋董氏學》，《康有爲全集》第二集，第357頁。
〔註22〕康有爲：《春秋董氏學》，《康有爲全集》第二集，第357頁。

番功夫的，分別與《春秋經》、《公羊傳》、《公羊傳》之何休注、《穀梁傳》、劉向的經說以及當時的漢儒經說進行了詳細的比照分析，找出與其所同和所異之處。在分類彙編中，大量的引用了先秦和漢代文獻以爲佐證，其中引用最多的爲《公羊傳》何休注釋、《穀梁傳》和劉向的《說苑》。此一卷在《春秋董氏學》中，就對《春秋繁露》的摘錄和考證來看，是做的最爲細緻的一卷。其目的是在於論述董仲舒傳《春秋》「口說」的眞實可信性，進而爲下一步論述「改制」和「微言大義」這些「董氏學」的核心思想做好鋪墊和準備。

　　以上四卷，通過對《春秋繁露》論述《春秋》的宗旨、釋例、禮制、口說等內容的摘抄、排比和論述，爲下一部分借「董氏學」來論述康有爲自己的學術觀點和政治主張打下了基礎。

二、對《春秋繁露》所含「改制思想」和「微言大義」的解說

　　卷五《春秋改制》和卷六《春秋微言大義》兩卷，是全書的核心部分，兩卷中按語數量衆多，且多爲直接闡述，爲康有爲直接借助「董氏學」來論證其改制主張和闡釋孔子「微言大義」的現實意義。

　　卷五《春秋改制》爲康有爲借助「董氏學」闡發「孔子改制」思想內容的彙編。康有爲在卷首語中首先抨擊了劉歆作僞古文經，導致「微言滅盡」，而後世學者沿著劉歆的路子走下去，只能是使得「春秋學」研究偏離軌道，所以他認爲後世學者服虔、杜預、啖助、趙匡、孫明復、蕭楚、胡安國等人治《春秋》皆流於片面，而對於《春秋》主旨缺乏闡發。康有爲認爲這種對於《春秋》的研究，是導致王安石視《春秋》爲「斷爛朝報」的主要原因。其結果就是使《春秋》闡發孔子「微言大義」的政治功能喪失，使得「孔子作《春秋》而亂臣賊子懼」的作用未能發揮出來。甚至康有爲對於向來還比較恭敬的朱熹，在這方面也流露出了不滿：「朱子謂《春秋》『不可解』，夫不知改制之義，安能解哉？」而朱熹未解之意又在哪裏呢？康有爲認爲在於「聖人舉動，與賢人殊，適道學立，未可與權，言不必信，惟義所在。況受天顯命，爲製作主，當仁不讓，聖人畏天，夫豈敢辭？」〔註23〕因此，《春秋》不僅可解，而且其意義重大，其核心意思就是「故《春秋》專爲改制而作」，具有鮮明的政治性和目的性。而對於孔子這種「改制」的良苦用心，之後的諸

〔註23〕康有爲：《春秋董氏學》，《康有爲全集》第二集，第 365 頁。

儒生都未能很好領會，前者提到的那些人不值一論，就是公羊學的大師何休，康有爲也認爲他未得眞要領，「然何邵公雖存此說，亦難徵言。」那麼，眞正能傳孔子「改制」之眞諦的，在康有爲眼裏，就只有董仲舒了：「幸有董子之說發明此義，俾『大孔會典』，『大孔通禮』，『大孔律例』，於兩千年之後，猶得著其崖略。董子醇儒，豈能誕謬若是？非口傳聖說，何得有此非常異義耶！」〔註24〕因而，《春秋繁露》中關於「孔子改制」的內容就不得不重視，這是理解孔子作《春秋》之政治意義的關鍵所在：「此眞《春秋》之金鑰匙，得之可以入《春秋》者。夫《春秋》微言暗絕久矣，今忽使孔子創教大義如日中天，皆賴此推出。然則此篇爲群書之瑰寶，過於《天球》、《河圖》億萬無量數矣」〔註25〕康有爲將孔子和董仲舒的「改制」思想的地位和意義推到了無以復加的極致，顯然絕不僅僅是爲了頌揚孔、董的地位，也不是單純的學術研究，而是爲了以此闡述和實現其推動社會「改制」的政治主張。與《春秋董氏學》基本上作於同一時期的《孔子改制考》，以及康有爲此時期的大量政論文，都很好的說明了他闡揚和推動「改制變法」的主張和活動。

　　卷六《春秋微言大義》分爲上下兩卷，是八卷中內容最多、卷下「題目」最多的一卷，體現了康有爲及其弟子對掘發孔子和董仲舒「微言大義」的重視。康有爲首先在卷首語中闡明「微言大義」並未隨著孔子的逝去而斷絕流傳：「康有爲曰：莫惑於『仲尼沒而微言絕，七十子喪而大義乖』之言也，孔子雖沒，既傳於弟子矣，則微言何能絕乎？十七子雖喪，既遞傳於後學矣，則大義何能乖乎……至於漢初，諸老師猶傳授。薈萃其全者，莫如《春秋》家；明於《春秋》者，莫如董子。」〔註26〕董仲舒之所以是孔子思想的眞傳，是在於《春秋繁露》一書的內容體現了孔子思想的精髓，康有爲認爲《春秋繁露》一書：「自元氣陰陽之本，天人性命之故，三統三綱之義，仁義中和之德，治化養生之法，皆窮極元始，探本混茫。孔子製作之本源次第，藉是可窺見之。」而如此精闢的論述，並非董仲舒所首創，「有道者，高下大小，分寸不相越，苟非孔子之口口相傳，董子豈能有是乎！此眞孔子微言大義之所寄也。」〔註27〕康有爲及其弟子在本卷中列舉的有關「微言大義」的「題目」共 90 個，是各卷中最多的，大約占到整部書各卷「題目」的五分之三。這些

〔註24〕康有爲：《春秋董氏學》，《康有爲全集》第二集，第 365 頁。
〔註25〕康有爲：《春秋董氏學》，《康有爲全集》第二集，第 365 頁。
〔註26〕康有爲：《春秋董氏學》，《康有爲全集》第二集，第 372 頁。
〔註27〕康有爲：《春秋董氏學》，《康有爲全集》第二集，第 372 頁。

「題目」涉及範圍相當廣，大體可以分爲三類：第一類是與董仲舒自然天道觀相關的一些命題，如「元」、「陰陽五行」、「氣化」、「本天」、「陰陽四時」、「畏天」、「知天」、「天地」、「天命」、「物養人」等共 24 個。第二類是與董仲舒社會倫理觀相關的命題，如「性善」、「性情」、「仁」、「仁義」、「義」、「義利」、「仁智」、「禮」、「禮信義」、「恕」等，共 28 個。第三類是與董仲舒的王道政治觀相關的命題，如「經權」、「權」、「名」、「名分」、「天君人」、「統」、「綱統」、「三綱」、「君臣」、「王道」、「教君」、「同民欲」、「任賢」、「夷狄」等共 38 個。

三、確立董仲舒在儒學「道統」中的地位

《春秋董氏學》全書的第三部分爲卷七《傳經表》和卷八《董子經說》。這兩部分內容議論較少，基本沒有按語。從全書的結構來看，這兩卷是作爲前六卷的補充說明和佐證材料出現的，類似於今天著作後面的附錄部分。不過，此兩卷絕非可有可無，從中也可以分析得出一些康有爲有關董仲舒學說的思想和意圖。

卷七《傳經表》是康有爲弟子王覺任所作，梳理在董仲舒之後「春秋公羊學」的傳經統緒及流派，其意在說明董門後學在漢代流傳甚廣、枝繁葉茂，董仲舒不僅在漢代爲「儒者宗」，且其對於漢代學術，特別是春秋公羊學有著無可比擬的影響。除此以外，康有爲之所以讓弟子作董門後學的《傳經表》，還在於駁斥唐代韓愈「柯死不得其傳焉」的論斷，即韓愈的「道統論」認爲孔子之道統，在其身後只傳到孟子就中斷了，這就相當於將漢代儒生與經學全盤否定，董仲舒自然也在其列，這對於力圖證明孔子之學未絕而傳於董仲舒的康有爲來說，是必須要痛加駁斥的。康有爲在卷首語當中，首先就是駁斥韓愈的「謬說」：「後世之道術不明，統緒不著者，皆韓愈粗疏滅裂之罪也。愈之言道也，自孔子後千年，舉孟子、荀子，而以揚雄虱其間，又謂『柯死不得其傳焉』。宋儒紹述其說，遂若千餘年無聞道者。」〔註28〕在康有爲看來，韓愈的「道統說」以所謂「統緒」來滅裂後代的學術成績，特別是對漢代經學的否定，造成了「董氏學」之不彰。而宋儒接續韓愈的「道統說」，以爲己用，則是學術上的助紂爲虐，使得董仲舒學說「千餘年無聞道者」。平心而論，康有爲將「董氏學」自漢亡後一千多年的沉淪歸罪於韓愈和宋儒，是有失公

〔註28〕康有爲：《春秋董氏學》，《康有爲全集》第二集，第 416 頁。

允的，其不彰顯於世自有原因。不過，康有爲的主要目的是要論證「董氏學」的歷史地位，並非如韓愈等人所說的不值一提，「信若斯言，則是孔子大教已滅絕，豈復能光於今日哉？」爲此，康有爲羅列了以下觀點對韓愈之觀點加以駁斥：

第一，歷史的事實並非韓愈所說，自孟子後孔子學說就隱而不顯了。康有爲列舉了孟子死後戰國末年儒學的傳承情況爲例：「夫《呂氏春秋》、《韓非》作於戰國之末日，孟子已歿，而呂氏稱孔子弟子充滿天下，彌塞天下，皆以仁義之道教化於天下。《韓非》稱儒分爲八，有孟氏之儒，有顏氏、子夏氏、子張氏、漆雕氏、仲良氏、孫氏、樂正氏之儒。不特孟子亦皆有傳焉。」〔註29〕康有爲以先秦歷史文獻對戰國末年儒家傳承的記載來駁斥韓愈的「柯死不得其傳焉」的荒謬，倒是言之有據。

第二，康有爲認爲不僅孔子之學在戰國末期流傳不斷，經歷「秦火之禍」後的儒學在漢代還實現了復興和光大：「至於漢世，博士傳五經之口說，皆孔門大義微言，而董子尤集其大成。劉向以爲『伊、呂無以加』，《論衡》所謂『孔子之文，傳於仲舒』，《春秋緯》謂『亂我書者，董仲舒』亂者，治也。」〔註30〕康有爲引自《漢書》、《論衡》等漢代典籍，借當時人之口以證明「董氏學」在當時之影響，甚至不惜引用《春秋緯》之類的「緯書」，用後世已被摒棄的讖緯神學來論證董仲舒傳「孔子之道」的可信。

第三，以「董氏學」對宋儒的影響來證明其傳「孔子之道」。「天人策言，道出於天，正誼不謀利，明道不計功，朱子極推其醇粹，而韓愈乃不知之，而敢斷然謂孟子死而不傳。嗚呼！何其妄也。」〔註31〕康有爲列舉董仲舒的「義利觀」對於朱熹的影響，確爲實證，朱熹把董仲舒的「正其誼不謀其利，明其道不計其功」寫入《白鹿洞書院學規》，並多次向學生講解。不僅朱熹推崇董仲舒的「義利之辨」，當時與朱熹在學術上處於爭論和分歧的陸九淵也十分推崇董仲舒的這一觀點。陸九淵被請到白鹿洞書院講學時，就講孔子的「君子喻於義，小人喻於利」。他認爲「此章以義利判君子小人」〔註32〕，最爲重要。

〔註29〕康有爲：《春秋董氏學》，《康有爲全集》第二集，第 416 頁。

〔註30〕康有爲：《春秋董氏學》，《康有爲全集》第二集，第 416 頁。

〔註31〕康有爲：《春秋董氏學》，《康有爲全集》第二集，第 416 頁。

〔註32〕陸九淵：《白鹿洞書院論語講義》，《陸九淵集》，北京：中華書局，1980 年，第 275 頁。

第四，批判韓愈提高漢代思想家揚雄的地位，認爲其與董仲舒無法相提並論：「若揚雄於君國則以美新投閣，於經學則爲歆僞欺紿，徒以《法言》摹仿《論語》，美言可市，乃捨江都而與蘭陵並。愈擬人既不於倫，寶康瓠而棄周鼎。嗚呼，何其妄也。」〔註33〕康有爲認爲，揚雄無論在人格、思想和學術上，與董仲舒皆相差甚遠，不可相比，更勿論高於董仲舒。

第五，康有爲認爲董仲舒傳承孔子，其學術、政治、法律思想對當時和後世影響至深，非他人所能匹敵：「夫孔子之大道在《春秋》，兩漢之治以《春秋》。自君臣士大夫，政事法律言議，皆以《公羊》爲法，至今律猶從之。《公羊》博士之傳遍天下，雲礽百萬，皆出江都。」〔註34〕就歷史實際而言，董仲舒思想對於漢代的政治、法律制度確有相當之影響。例如，董仲舒的以公羊決事、決獄，與漢代政治和司法實踐密切相關，多見之於史籍。董仲舒的「大一統」、「天人感應」、「張三世」、「通三統」等思想對於漢代政治影響非同一般，對於後世的政治、法律、思想、學術也有潛移默化的影響。

第六，康有爲以董仲舒和朱熹相比較，來凸顯董仲舒於儒學發展史上的地位。對於朱熹，康認爲「由元、明以來，五百年治術言語，皆出於朱子，蓋朱子爲教主也。」，而對於董仲舒，康認爲「自漢武終後漢，四百年治術言議，皆出於董子，蓋董子爲教主也。」對於兩位「教主」，孰先孰後？康有爲有其自己的看法，他對董、朱二人做了一番比較：「二子之盛，雖孟、荀莫得比隆。朱子生絕學之後，道出於嚮壁，尊四書而輕六經，孔子末法無由一統，僅如西蜀之偏安而已。董子接先秦老師之緒，盡得口說，《公》、《穀》之外，兼通五經。蓋孔子之大道在是，雖書不盡言，言不盡意，聖人全體不可得而見，而董子之精深博大，得孔子大教之本，絕諸子之學，爲傳道之宗，蓋自孔子之後一人哉！」〔註35〕可見，康有爲雖然推崇朱熹，在康氏的著作中也常見其「尊朱」的論述，但相比較而言，他認爲同爲「教主」的董仲舒歷史地位更高，在儒學發展史上的作用更大。而其原因在於康有爲認爲朱熹在繼承儒家方面僅得孔子思想真諦之一隅，而董仲舒融合先秦諸子，使得儒家在漢代歸於獨尊，得孔子思想之大本。

董仲舒、朱熹同爲孔孟荀等先秦儒家之後儒學的傑出代表，是儒學發展

〔註33〕康有爲：《春秋董氏學》，《康有爲全集》第二集，第416頁。
〔註34〕康有爲：《春秋董氏學》，《康有爲全集》第二集，第416頁。
〔註35〕康有爲：《春秋董氏學》，《康有爲全集》第二集，第416頁。

具有里程碑式的人物，其影響和地位之孰高孰低仁者見仁、智者見智，抑或由於時代和社會背景的差距，二者的地位和作用並無可比性。而康有爲在這裡面借與朱熹相比的目的，是在於以此否定韓愈的「道統」說，而確定新的道統，這個新的道統就是由孔子傳道於董仲舒，這一道統的傳承在於孔子的「改制思想」及體現其思想的「微言大義」，誰能重新闡釋和接續這些思想和「微言大義」，誰就能接續這個「道統」。然而，董仲舒去世後已經一千多年，朱熹等人在康有爲看來並非勝任之人。時至晚清，正當社會變革與轉型之歷史關頭，究竟誰能承其道統，擔當如孔子、董仲舒一樣的歷史重任呢？答案對於自居聖人，以天下爲己任的康有爲來說，是不言而喻的。

第二節 《春秋董氏學》的經學解釋和分析方法

《春秋董氏學》是康有爲以《春秋繁露》爲研究對象的一部專經著作。而《春秋繁露》是一部帶有研究「公羊學」色彩的著作，那麼，《春秋董氏學》則是對於解釋儒家經典著作的「再解釋」。該書的一大特點是雖爲專經研究著作，卻打破了清代學術中專經研究的傳統。該書拋開以文字音韻入手進行訓詁考證的清代一般經學研究方法，直接對《春秋繁露》的原典內容進行解釋和分析。康有爲的辦法是先將《春秋繁露》的原文拆開，打破原有的七十九篇分佈，然後進行歸納，將《春秋繁露》各篇中闡述同類概念的段落和語句摘抄、分類和合併，以這些內容共有的「概念」作爲卷下的「子標題」。將從《春秋繁露》中收集的段落、語句按照一定的邏輯順序編排到這個「子標題」之下，並在摘錄之後加以「按語」，進行解說和演繹。

考察這一分類摘抄、編排的經學解釋特點，我們可以從《實理公法全書》等康有爲早期的著述中找到這種方法的起源。這種與中國傳統解經方法不同的解經方式，頗受西方邏輯學歸納、演繹方法的啓示和影響。而這一方法的淵源來自於西方歐幾里得幾何學關於公理、定理、比例、歸納、演繹等一整套的邏輯理論。康有爲在十九世紀八十年代開始接觸西學，其中關於歐式幾何學、代數學等是康有爲當時有限的西學知識中的重要組成部分。在此影響下，他著有《萬身公法書籍目錄提要》、《實理公法全書》、《公法會通》等書，可見其受幾何學影響的一些表現。

康有爲早年所受西學影響之經歷，按其自編年譜所記，來源於當時所見

翻譯西書的影響以及對於香港、上海等受西方文化影響地區的親歷考察。按其年譜記載，同治十三年（1874年），康有爲「始見《瀛環志略》、《地球圖》，知萬國之故、地球之理。」是爲最早接觸介紹西方文化的書籍，光緒五年（1879年），「得《西國近事彙編》、李圭《環遊地球新錄》及西書數種覽之。薄遊香港，覽西人宮室之瑰麗、道路之整潔、巡捕之嚴密，乃始知西人治國有法度，不得以古舊之夷狄視之。乃復閱《海國圖志》、《瀛環志略》等書，購地球圖，漸收西學之書，爲講西學之基矣。」〔註36〕可見，此年遊歷香港，西方文化給康有爲頗深的影響。越三年，即光緒八年（1882年），康有爲去京師參加順天鄉試，不中，歸途道經上海，看到「上海之繁盛，益知西人治術之有本。舟車行路，大購西書以歸講求焉。十一月還家，自是大講西學，始盡釋故見。」〔註37〕在此影響下，康有爲第二年「購《萬國公報》，大攻西學書，聲、光、化、電、重學及各國史志，諸人遊記，皆涉焉。於是，欲緝萬國文獻通考，並及樂律、韻學、地圖學。是時絕意試事，專精問學，新識深思，妙悟精理，俛讀仰思，日新大進。」〔註38〕此時正值青年的康有爲，思想上易接受外來之新思想和新事物，故對於西學倍感興趣並積極學習，而其自幼年以來所受的傳統經學教育及傳統文化的薰染，又使得他在讀書與學習過程中，將中西古今的各類文化融合起來，使其思想與學術在此後呈現出新的發展。

　　儘管康有爲此時所讀西書不少，但多以自然科學爲多，而社會科學有限。從其自編年譜和十九世紀八十年代的著作《萬身公法書籍目錄提要》、《實理公法全書》、《公法會通》等書來看，這一時期西學中對康有爲影響較多的是自然科學中的數學、物理、生物、自然地理等。這從其年譜中對「生物、光、電、力學」等自然科學概念的提及和描述中可以看出。

　　這一時期他曾經對西方數學、邏輯學頗感興趣，並進行了認眞的鑽研，這一學習經驗對其思維方法、學術著作的寫作產生了很大影響。以《實理公法全書》爲例〔註39〕，在正文前的「凡例」中，康有爲特意強調「凡一門制度，必取其出自幾何公理及最有益於人道者爲公法，其餘則皆作比例，然亦分別比例

〔註36〕康有爲：《我史》，《康有爲全集》第五集，第63頁。
〔註37〕康有爲：《我史》，《康有爲全集》第五集，第63頁。
〔註38〕康有爲：《我史》，《康有爲全集》第五集，第63頁。
〔註39〕此書是在綜合了《人類公理》和《公理書》等著述的基礎上，大體成書於十九世紀八十年代末，不過，從書中所引材料中有關於1891年刊佈的法國人口統計數字材料來看，後來又加以修訂和完善。

之次第焉。其難易分別之處，要皆合眾深明公法之人議定之。」〔註40〕而在具體的編寫方法中，康有爲強調「凡所言實理，每事須先立引說一條，然後以按語將其實理詳言之。」「凡所言公法及比例之法，每法皆須以數語撮舉大要。先立一目，然後以按語詳言之，且以按語詳論之。立目均以今人修書者之語，不得用古語，其古教經典有關制度之言，則以按語備引之」〔註41〕。這就清楚的說明了康有爲撰寫《實理公法全書》的編撰方法受到西方歐幾里得幾何學的影響。這種方法「先立一目」，然後按照「實理、公法、比例」的方法加以衍推和論證，不僅所用詞彙與幾何學相同，其歸納，演繹的方法也與西方邏輯學方法相似。在《實理公法全書》中，康有爲列舉「總論人類門」、「夫婦門」、「父母子女門」、「師弟門」、「君臣門」、「長幼門」、「朋友門」、「禮儀門」、「刑罰門」「教事門」、「治事門」、「論人公法」等「題目」，多爲關於倫理、道德方面的題目。在題目下依次列「實理」、「公法」、「比例」、「按語」加以解說。「實理」即「必然之法，永遠之法」，是不需要證明的永恒眞理，相當於幾何學中的「公理」。「公法」則是「人立之法」，是由「公推」而產生的，是需要人們證明的，相當於幾何學中的「定理」。而由「公法」推衍和判斷的「事例」就是「比例」，如康有爲在《公字解》中所說「有時轉推人立之法爲公法，而抑幾何公理所出之法爲比例，此則或因救時起見，總期有益人道也。」〔註42〕可見，「公法」和「比例」都帶有「人爲性」，都是爲了適應某種社會現實需要所做出的解釋，以達到「有益人道」。試舉其中「朋友門」一目爲例：

實理

天地生人，本來平等。

公法

朋友平等

　　按：此幾何公理所出之法，最有益人道。

比例：以人立之法，屈抑朋友，名之曰僕婢，或以貨財售彼之身，
　　　以爲我有。

　　按：此大備幾何公理〔註43〕

〔註40〕康有爲：《實理公法全書》，《康有爲全集》第一集，第147頁。
〔註41〕康有爲：《實理公法全書》，《康有爲全集》第一集，第147頁。
〔註42〕康有爲：《實理公法全書》，《康有爲全集》第一集，第148頁。
〔註43〕康有爲：《實理公法全書》，《康有爲全集》第一集，第153頁。

康有爲又接著解釋了由「實理」推導出「公法」的必要性在於：「從幾何公理所推出一定之法，乃公法之一端，蓋幾何公理所出之法甚少，不足於用，此所以不能無人立之法……有公推之公。蓋天下之制度，多有幾何公理所不能逮。無幾何公理所出之法，而必憑人立之法者，本無一定，則惟推一最有益於人道者，以爲公法而已。然眾共推之，故謂公推也。」〔註44〕正是由於「實理」雖是眞理卻有限，而只有以其爲依據，以「有益於人道」爲標準，推演出可供人們利用的「公法」。這也成爲康有爲學術演進的一種「範式」，我們可以從其日後的著作，特別是《春秋董氏學》中，看出這種「範式」的應用。當時的康有爲似乎對這種「實理──公法──比例」的研究範式用心頗多，其保留下來的《萬身公法書籍目錄提要》中提及了關於寫作此類書籍的計劃，《提要》開篇就說「萬身公法書籍，雖尚未有成書者甚多，然先提其書中之要以言之者，蓋欲地球上之人共議之，然後共修之也。」〔註45〕從「提要」所列舉的寫作計劃看，至少包括五部書：《實理公法全書》、《公法會通》、《禍福實理全書》、《地球正史》、《地球學案》，並一一做了梗概介紹。其中，康氏以爲《實理公法全書》最爲重要，在介紹中說「此書爲萬身公法之根源，亦爲萬身公法之質體……自有此書，古聖之得失，纖毫畢見；生民之智學，日益不窮。學者但能解此書一過，則其知識所及，較之古聖已過之遠甚。」可見，康有爲對於此書，及這種治學之「範式」，是深爲自得的。不過，「提要」中所計劃的五部書，只有《實理公法全書》、《公法會通》見世，其他書籍則並未見流傳。

以上用了大量篇幅來敘述和分析康有爲早期受到西學中歐式幾何學的影響，及其在《實理公法全書》中的反映。原因在於：

其一、目前學界對於康有爲早年受西方自然科學影響，特別是受幾何學、邏輯學影響的關注和研究不夠。對於康有爲早年受西學的影響，大多關注其接受西方政治、社會、哲學等社會科學的思想，而較少關注其所受西方自然科學的影響。另一方面，在論述西學對康有爲思想觀念影響時，大多是分析其後來推動變法和維新思想的西學因素、及其政治思想中的中西融合之學。而很少關注西方自然科學的「治學之法」對康有爲學術思想、治學方法，特別是對其經學研究的影響。

〔註44〕康有爲：《實理公法全書》，《康有爲全集》第一集，第148頁。

〔註45〕康有爲：《萬身公法書籍目錄提要》，《康有爲全集》第一集，第143頁。

　　其二、康有爲十九世紀九十年代的經學著作，不同程度的受到了西學治學方法的影響，其中尤以受到歐式幾何學影響的《實理公法全書》對《春秋董氏學》一書的著述特點影響最大。《春秋董氏學》各卷寫作的編排、內容摘錄受歐式幾何學的影響，對於這一點，康有爲自己也承認。在卷二《春秋例》卷首語中他說：「惟《春秋》體微難知，捨例不可通曉，以諸學言之，譬猶算哉。學算者，不通四元、借根、括弧、代數之例，則一式不可算……董子之於《春秋》例，亦如歐幾里得之於幾何也。」〔註 46〕「歐式幾何學」的顯著特徵之一是運用基本概念得出結論，這些基本概念就是幾何邏輯推理和求證中的基本概念——點、線、面。一切運算、推理、邏輯論證，都從基本概念出發，通過基本概念的演繹來得出相應的結論。《實理公法全書》受到歐氏幾何原理的啓發，也是從基本概念出發，相對於幾何學基本概念的「點、面、線」，《實理公法全書》中的基本概念則是「夫婦」、「師弟」、「君臣」、「長幼」、「禮儀」、「刑罰」等這些基本倫理關係和社會規範，這是以社會科學中的基本概念對應自然科學中的基本概念。《春秋董氏學》承襲了這一方法，其各卷下的「子題目」相當於幾何學的基本出發點「概念」，這些概念是春秋公羊學的基本概念，如「五始」、「三世」、「三統」、「奉天」、「五行」、「仁」、「三綱」、「義利」、「王道」、「災異」等。受《實理公法全書》「先立一目」的影響，康有爲在《春秋董氏學》中，將 187 個這樣的小題目作爲論述的「基本概念」。在此基礎上加以推衍、論證。

　　從論證的邏輯來看，歐式幾何學的論證邏輯是「公理——定理——推論——歸納——得出結論」的方式，《實理公法全書》沿襲這種論證模式，採取「實理——公法——比例——按語」的方式，這種論證有生搬的特徵。而《春秋董氏學》則有了很大的改進，它雖然也受這種論證模式的影響，但已經擺脫了簡單的照搬和比附，不再生搬「實理——公法——比例」這種模仿的形式，而是把歐式幾何學的論證方法內化。這種內化，體現在對摘錄段落和語句的選擇及編排的順序上，在確定「題目」後，圍繞這一題目，在《春秋繁露》各篇中找到與此相關的段落或者語句，將其從各篇中拆分下來，摘錄於下。從每個「題目」下選擇摘抄的標準看，一種情況是摘抄的段落語句直接包含「題目」本身；另一種情況是段落語句中雖沒有「題目」，但是圍

〔註46〕康有爲：《春秋董氏學・春秋例第二》，《康有爲全集》第二集，第 323 頁。

繞「題目」的中心意思來闡述。以《春秋旨》中第一個題目「奉天」爲例，
以下四句話是圍繞這一題目從《春秋繁露》的三篇中摘錄下來的：

　　　《春秋》之道，奉天而法古。《楚莊王》

　　　《春秋》之序辭也，置王於春正之間，非曰上奉天施而下正人，
　　然後可以爲王也云爾。《竹林》

　　　　《春秋》之法，以人隨君，以君隨天。《玉杯》

　　　　　故屈民而申君，屈君而申天，《春秋》之大義也。《玉杯》〔註47〕

分析以上「奉天」題目下摘抄的四條，前兩條爲直接含有題目「奉天」一詞，
係「奉天」題目的來源。後兩句則是圍繞著「題目」的中心思想進行詮釋的
語句。而其編排順序，則體現著歐式幾何學的原理和《實理公法全書》模式
的影響。第一句「《春秋》之道，奉天而法古。」是「奉天」含義的根本來源，
「奉天」作爲《春秋》之道的核心，這句話帶有明確的原則性和規範性，是
春秋公羊學的核心概念之一。在春秋公羊學的理論體系中，這句判斷，類似
於幾何學中的「公理」，是不可違背的，是不需要證明的永恒眞理，是判斷下
面命題的依據和出發點，而在《實理公法全書》中，類似這句話，則明確的
標明爲「實理」，《春秋董氏學》中雖未標明，但卻將其置之於摘錄的首句，
其含義是相同的。第二句「《春秋》之序辭也，置王於春正之間，非曰上奉天
施而下正人，然後可以爲王也云爾。」則由第一句引申推導而來，且《春秋
公羊傳》開篇第一句話就是「春，王正月」，是在肯定了《春秋》之道在於
『奉天』這一公理的基礎上推導而出的，相當於幾何學中的「定理」。照比《實
理公法全書》，即相當於其所說的「公推」之後產生的「人立之法」，也相當
於其所說的「公法」。而後兩句，是在「實理」、「公法」基礎上的判斷和推衍，
相當於「比例」。這樣，其摘抄和編排的特徵，就體現了歐式幾何學的邏輯推
衍過程，並與《實理公法全書》的編排特點有著密切的聯繫。

　　又如，《春秋董氏學》摘錄《春秋繁露》的語句，並在此後加以「按語」，
對於摘錄中《春秋》或《春秋繁露》文中的「名辭」，康有爲也把它們比作爲
幾何、代數學中的符號和概念，用以說明主旨。如其在卷二《春秋例》中「詭
名詭實避文」中所加「按語」，對於他前面摘抄的《春秋繁露·玉英》中「詭
名、詭實」做了如下解釋：「詭名詭實之名，驟讀之，似甚奇，然《春秋》以

〔註47〕康有爲：《春秋董氏學·春秋旨第一》，《康有爲全集》第二集，第311頁。

寓改制。其文猶代數，故皆稱託，不過藉以記號耳。數不能直敘，代以甲子天元。天下無有怪甲子天元之詭者，又何疑於《春秋》乎？」〔註48〕

　　當然，《春秋董氏學》各卷下共有 187 個「題目」，並非所有的都嚴格按照這種模式編排。其中，有的是因爲能夠摘錄的與此相關的語句太少，僅一兩句話，無法形成這種邏輯推論。如卷三《春秋禮》中「卜筮」題目下，僅一句摘錄，「蓍百莖而共一本，龜千載而人寶，是以三代傳決疑焉。」〔註49〕。此卷下「學校」一題，也只有一句「立辟廱庠序，修孝悌敬讓，明以教化，感以禮樂，所以奉人本也。」〔註50〕卷六《春秋微言大義上》中「因性」題目下，只有「因天地之性情，孔竅之所利。」較爲簡單的一句話，已經具有「公理」或「定理」的意義。還有一種情況，是因爲「題目」下所引段落較長，而在所選取的段落之中，本身已經包含了這種推理演繹的邏輯關係，例如，卷六《春秋微言大義下》中「常變禮」題目下，摘錄段落較長：

　　「《春秋》有經禮，有變禮。爲如安性平心者，經禮也。至有於性，雖不安於心，雖不平於道，無以易之，此變禮也。是故昏禮不稱主人，經禮也；辭窮無稱，稱主人，變禮也。天子三年然後稱王，經禮也；有物故則未三年而稱王，變禮也。婦人無出境之事，經禮也；母爲子娶婦，奔喪父母，變禮也。明乎經變之事，然後知輕重之分，可與適權矣。難者曰：《春秋》事同者辭同，此四者俱爲變禮，而或達於經，或不達於經，何也？曰：《春秋》理百物，辨品類，別嫌微，修本末者也。是故星墜謂之『隕』，螽墜謂之『雨』，其所發之處不同，或降於天，或發於地，其辭不可同也。今死者俱爲變禮也同，而其所發亦不同，或發於男，或發於女，其辭不可同也。是或達於常，或達於變也《玉英》。」〔註51〕

　　從此段內容來看，首句「《春秋》有經禮，有變禮」是題目「常變禮」的主旨所在，是原則性的規定，也是《春秋》關於「禮」的思想之「公理」。接下來的「爲如安性平心者，經禮也。至有於性，雖不安於心，雖不平於道，無以易之，此變禮也。」在康有爲看來，則是由「經禮、變禮」這一公理推導、演繹下來的，是「有益於人道」爲標準的「人立之法」，是對什麼是經禮

〔註48〕康有爲：《春秋董氏學》，《康有爲全集》第二集，第 329 頁。
〔註49〕康有爲：《春秋董氏學》，《康有爲全集》第二集，第 347 頁。
〔註50〕康有爲：《春秋董氏學》，《康有爲全集》第二集，第 347 頁。
〔註51〕康有爲：《春秋董氏學》，《康有爲全集》第二集，第 394 頁。

和變禮的進一步解釋，相當於是幾何學中的「定理」。而接下來的「天子三年然後稱王，經禮也……可與適權矣。」則是通過「天子稱王」、「婦人出境」兩個例證，來具體解釋經禮和變禮的實際應用，是進一步推理論證，屬於「例證」。而段落最後所引董仲舒回答「難者」提問的內容，則相當於是董仲舒對「常變禮」這一問題所加的「按語」，是其直接闡述和議論的部分。

《春秋董氏學》卷一、二、三、五、六這五卷中所列 187 個題目中的大部分，其摘錄和編排《春秋繁露》相關章句，加上康有爲及其弟子所寫的「按語」，來推導和演繹出其所要得到的結論。如上分析，這種摘錄和編排方式，體現了康有爲受到歐式幾何學的推理、論證方式影響，並與康有爲早期著作《實理公法全書》的著述方式有著前後相承的密切關係。然而，這種帶有歐氏幾何推理演繹特點的摘抄、編排方式，對於康有爲闡述和揭示公羊學和董仲舒學說的微言大義，畢竟是間接的，也是較爲隱晦的。要在《春秋董氏學》中大規模的闡明其思想主張和學術觀點，所依賴的更多的是康氏及其弟子所加的「按語」這種更直接的解釋和論述方式，因此，「按語」特點的分析就顯得十分重要了。

第三節 《春秋董氏學》對董仲舒哲學和倫理思想的闡述

董仲舒的《春秋繁露》一書所含內容豐富，涉及到哲學、倫理、政治、文教、祭祀等諸多方面。其中，哲學和倫理思想是其政治思想的學理基礎。康有爲要借助「董氏學」來構建其自身的經學理論，闡述其政治主張，也必須對《春秋繁露》中董仲舒有關哲學和倫理思想進行闡述。

一、對董仲舒哲學思想的闡述

「天人關係」是董仲舒哲學思想的核心內容，以此引伸出的「天人感應」思想成爲其倫理思想和政治思想的理論基礎。康有爲對於董仲舒哲學思想中的重要概念「天」、「元」、「陰陽」、「氣」都有論說，並闡述了這些概念在董仲舒經學思想中的地位和作用。

關於「天」及「天人關係」。《春秋董氏學》中專門列有「奉天」、「法天」、「事天」、「畏天」、「知天」、「本天」、「天地人」、「天君人」等多個題目，引

述《春秋繁露》中的有關內容，並加以解說。例如，《春秋微言大義》卷中「天」一條目下，康有爲引述董仲舒對「天之道「的解釋來說明宇宙的變化與發展：「天之道，終而復始……天之道，有序而時，有度而節，變而有常，反而有相奉，微而至遠，踔而致精，一而少積蓄，廣而實，虛而盈。」〔註52〕康有爲並不是簡單的論述「天道」的變化，而是將其與孔子的天道觀結合起來，他引述《春秋繁露・奉本》中關於「聖人法天」的內容：「孔子曰：『唯天爲大，唯堯則之。』則之者，大也。」又引述《春秋繁露・諸侯》篇的內容「生育養長，成而更生，終而復始，其事所以利活民者無已。天雖不言，其欲瞻足之意可見也。古之聖人，見天意之厚於人也，故南面而君天下，必以兼利之。」這樣，就將「天道」與「人事」關聯起來，並將孔子思想融入其中，可見，康有爲所選擇摘錄的內容是有所深意的。這一點他在後面的按語中也有明確的解說：「孔子窮天人之本，爲王政之施，此其根核矣。」

康有爲又將「天道」與「孔教」聯繫起來，實則是爲了闡述其「創教」的思想：「諸教皆有立教之根本。老子本道，天地爲不仁，以萬物爲芻狗，此老子立教之本……孔子本天，以天爲仁，人受命於天，取仁於天，凡天施、天時、天數、天道、天志皆歸之於天。故尸子所謂『孔子貴仁』。孔子立教宗旨在此，雖孟荀未能發之，賴有董子而孔子之道始著也。」〔註53〕可見，康有爲比較老子和孔子的「天道」觀，是要說明老子以道爲本，其教不仁，孔子以天爲本，其教貴仁。而「仁」是儒教倫理和政治思想的核心所在，以此樹立「孔教」也就有了依據。

關於「陰陽」思想的論說。陰陽類應、天人感應是董仲舒哲學思想中的核心內容之一，康有爲對此加以肯定：「陰陽類應，窮致其道……以有形推無形，以可數著不可數，聖人所以通晝夜，知鬼神，合天人。至誠前知，聖人之道固有如是者。董子行義至高，豈爲誕說以惑人哉！」〔註54〕可見，康有爲對於董仲舒的陰陽思想是推崇的，類似的議論還有「孔子原本天道，知物必有兩，故以陰陽括天下之物理，未有能出其外者。就一身言之，面背爲陰陽；就一木言之，枝幹爲陰陽，就光言之，明暗爲陰陽……推此仁義公私，經權常變，以觀天下之物，無一不具陰陽者……孔子窮極物理，以爲創教之

〔註52〕康有爲：《春秋董氏學》，《康有爲全集》第二集，第379～380頁。
〔註53〕康有爲：《春秋董氏學》，《康有爲全集》第二集，第375頁。
〔註54〕康有爲：《春秋董氏學》，《康有爲全集》第二集，第411頁。

本，故繫《易》立卦，不始太極，而始乾坤，陰陽之義也。」〔註55〕可見，康有爲對董仲舒的陰陽思想的推崇，最後落實之處，仍是要論述孔子改制創教的思想。

關於「元」及「元氣」。「元」在春秋公羊學中，是一個非常重要的概念，蘊含著豐富的哲學和政治含義。公羊學認爲，「元」具有統萬物而爲一的意義。康有爲在《春秋董氏學》中，引述《易》、《列子》、《素問》、《易緯》、《春秋緯》等有關論述，指出「元氣」爲萬物之本，而孔子之道則蘊含了這一思想：「孔子之道，運本於元，以統天地，故謂爲萬物本始終天地。孔子本所從來，以發育萬物，窮極混茫……屬萬物而貫於一，合諸始而源其大，無臭無聲，至精至奧。不得董子發明，孔子之道本殆墜於地矣。」〔註56〕康有爲肯定董仲舒對於孔子「元」的思想的繼承和發展。

二、對董仲舒倫理思想的解說

以「仁、義、禮、智、信」爲核心概念的儒家倫理思想，是經學中的重要內容。董仲舒在儒學發展史上，對於儒家倫理思想的形成和發展具有重要影響，對於之後宋代理學的倫理觀形成，其作用也不可低估。康有爲對於董仲舒的倫理觀十分重視，在《春秋董氏學》中用了不少篇幅進行論述和解說。

關於「仁」。「仁」是儒家思想的核心概念，也是其最爲重要的倫理思想和政治思想的體現。康有爲認爲，《春秋》一書就是圍繞著「仁」和「不仁」展開論述的：「以仁爲天心，孔子疾時世之不仁，故作《春秋》。明王道重仁而愛人，思患而豫防，反覆於仁不仁之間，此《春秋》全書之旨也。」〔註57〕不過，後世學者對於儒家「仁」的認識並不一致，因爲「仁」本身包含的涵義極廣，《論語》中孔子在不同的場合、不同的背景下多處論及「仁」的涵義，後儒也不斷加以詮釋，這也給後人對「仁」的認識帶來了很大分歧。康有爲在《春秋董氏學》中多處涉及對孔子「仁」的涵義的論述，並把對「仁」的解釋，和公羊學中的「三世說」和大同思想聯繫起來：「太平之世，大小遠近若一。大同之治，不獨親其親，子其子，老有所終，壯有所用，鰥寡孤獨廢疾者有養，則仁參天矣」。〔註58〕康有爲認爲，後儒不解孔子將「仁」與「三

〔註55〕康有爲：《春秋董氏學》，《康有爲全集》第二集，第 374 頁。
〔註56〕康有爲：《春秋董氏學》，《康有爲全集》第二集，第 373 頁。
〔註57〕康有爲：《春秋董氏學》，《康有爲全集》第二集，第 310 頁。
〔註58〕康有爲：《春秋董氏學》，《康有爲全集》第二集，第 389 頁。

世」「大同」思想結合起來的良苦用心，是對孔子仁學的曲解：「後世不通孔子大道之原，自隘其道，自私爲我，已遁爲老學，而尙託於孔子之道，誣孔子哉！孔子之道衰，自大義不明始也」。〔註59〕

康有爲認爲，後世儒者中最能準確理解孔子仁學之道的是董仲舒，他引述《春秋繁露》中董仲舒對「仁」的論述：「何謂仁？仁者惻怛愛人，謹翕不爭。好惡敦倫，無傷惡之心，無隱忌之志，無嫉妒之氣，無感愁之欲，無險詖之事，無闕違之行。故其心舒，其志平，其氣和，其欲節，其事易，其行道，故能平易和理而無事也。如是者，謂之仁。」康有爲認爲，董仲舒對於「仁」的論述，「此發仁之義最詳博，可以此定之」。〔註60〕

關於「義」。「義」德爲儒家重要的道德標準。康有爲引述董仲舒《春秋繁露·身之養重於義》篇來論述「義」的重要性：「天之生人也，使之生義與利。利以養其體，義以養其心。心不得義不能樂，體不得利不能安。義者心之養也。利者體之養也。體莫貴於心，故養莫重於義。義之養生人大於利」。〔註61〕董仲舒對於「義」的解說是和「利」聯繫起來的，在董仲舒的解說中，明顯的帶有重義輕利的傾向，這對於後來宋儒的義利觀有著重要影響。不過，康有爲雖然引述了董仲舒關於義利關係的論述，卻並未對此直接給予肯定和否定，他在按語中說「心，有知者也。體，無知者也。物無知而人有知，故人貴於物。知人貴於物，則知心貴於體矣。」康有爲強調心貴於體，但卻並沒有明確的將「心、體」與「義、利」對應起來，可以看出，他對於董仲舒重義輕利思想的態度是有所保留的。

關於「禮」。禮爲儒家重要的行爲準則。董仲舒認爲：「禮者，繼天地，體陰陽，而愼主客，序尊卑、貴賤、大小之位，而差內外、遠近、新舊之級者也。」〔註62〕康有爲對於董仲舒關於禮的內涵的認定持肯定態度，他說「董子非禮學專家，而說理即精。大道只有仁義，仁者人也，義者我也。禮者，所以治人我對立。人我對立，則有條理，自然有尊卑、貴賤、大小、內外、遠近、新舊。禮者，所以爲其位級。言禮者，簡易直當莫尙於此。」〔註63〕而「禮」不僅是行爲規範，還具有典章制度的作用，又可以和孔子「改制」

〔註59〕康有爲：《春秋董氏學》，《康有爲全集》第二集，第389頁。
〔註60〕康有爲：《春秋董氏學》，《康有爲全集》第二集，第390頁。
〔註61〕康有爲：《春秋董氏學》，《康有爲全集》第二集，第392頁。
〔註62〕康有爲：《春秋董氏學》，《康有爲全集》第二集，第393頁。
〔註63〕康有爲：《春秋董氏學》，《康有爲全集》第二集，第393頁。

相聯繫，康有爲在《春秋禮》的卷首語中說「《春秋》爲改制之書，包括天人，而禮尤其改制之著者，故通乎《春秋》，而禮在所不言矣。孔子之文，傳於仲舒，孔子之禮亦在仲舒。」〔註64〕肯定董仲舒對於孔子禮學思想的繼承。

關於「智」。「智」即爲「知」，在儒家來看，「知」是人類不同於動物的主要特徵。「智」與「仁」又密切相關，因此董仲舒《春秋繁露》中有《必仁且智》篇。康有爲在《微言大義》一卷中，專門有「仁智」一題目，引述了《春秋繁露‧必仁且智》中的內容：「莫近於仁，莫急於智。不仁而有勇力財能，則狂而操利兵也。不智而辨慧獧給，則迷而承良馬也。故不仁不智而有材能，將以其材能以輔其邪狂之心，而贊其僻違之行，適足以大其非而甚其惡耳。」〔註65〕康有爲還借用董仲舒之言來論述「仁」與「智」的辯證關係：「仁而不知，則愛而不別也。知而不仁，則知而不爲。故仁者所以愛人類也，智者所以除其害也。」康有爲在後面的按語中還對於儒家、道家、佛教關於「仁與智」的思想進行了對比，而目的在於突出孔子關於仁和智的主張之正確性所在：「孔子多言仁智，孟子多言仁義。然禽獸所以異於人者，爲其不智也，故莫急哉！然知而不仁，則不肯下手，如老氏之取巧；仁而不知，則慈悲捨身，如佛氏之眾生平等。二言管天下之道術矣。孔子之仁，專以愛人類爲主，其智專以除人害爲先，此孔子大道之管轄也。」〔註66〕從中可以看到康有爲以「仁智」爲視角對於儒、釋、道的不同評價。

關於「信」。「信」德是中國古代傳統道德的重要組成部分，也是儒家恪守的重要信條。在春秋公羊學中，「信」又是政治評判的重要標準。如《春秋繁露‧楚莊王》中有「《春秋》尊禮而重信。信重於地，禮尊於身」之論，可見其對於「信」德的重視。康有爲在《微言大義》卷中，專門有「貴信賤詐」一條，借董仲舒之言來闡述「信」德的重要性。他引述《春秋繁露》中「董仲舒對膠西王」中的內容：「《春秋》之義，貴信而賤詐。詐人而勝之，雖有功，君子弗爲也。是以仲尼之門，五尺之童子，言羞稱五伯，爲其詐以成功，苟爲而已矣。」而康有爲爲了更詳細的說明「信」的重要性，在引述了上述內容後，還以實例加以補充說明：「宋襄之敗，而《春秋》美之。左氏乃譏宋襄，何其好惡與聖人相反也！」這裡，康有爲認爲，宋襄公因遵守誠信，雖

〔註64〕康有爲：《春秋董氏學》，《康有爲全集》第二集，第330頁。
〔註65〕康有爲：《春秋董氏學》，《康有爲全集》第二集，第393頁。
〔註66〕康有爲：《春秋董氏學》，《康有爲全集》第二集，第393頁。

然打了敗仗，但不應該得到批判，這反映了《春秋》讚賞宋襄公，是爲了宣揚「信」德的用意。而《左傳》譏諷宋襄公，恰恰是對於孔子借《春秋》以表微言大義的誤解。

可見，在康有爲的《春秋董氏學》中，他對於儒家倫理思想中「仁、義、禮、智、信」等重要概念比較關注，而從他對這些概念的解說中也可以發現，康有爲的意圖並非只是對這些概念進行解釋，而是借助董仲舒之言來提高孔子的歷史地位，並將其和孔子創教、改制等思想相關聯。同時，這種對於儒家倫理思想的關注與解讀，也與康有爲早年對「宋學」的研習經歷有著一定的關係，這可從其早年的《康子內外篇》、《教學通議》等著作中的有關內容中找到這種聯繫。而戊戌之後，康有爲注釋「四書」，也可以看到這種關注宋學，並以宋學中的有關思想，結合董仲舒的學說，來提高孔子地位，將其塑造爲「改制創教」的「教主」之努力的繼續。

《春秋董氏學》中大量關於董仲舒哲學和倫理學思想的闡述，其目的並非在於只停留在這一層面，而是以此作爲闡述董仲舒政治思想的準備和基礎。而康有爲對於董仲舒政治思想的直接論述主要體現在書中大量的按語中。

第四節 《春秋董氏學》中「按語」寫作的分析

「按語」是作者、編者對有關文章、詞句所做的說明、提示或考證，也作案語〔註67〕。按語對於讀者正確理解著作或文章中的觀點，分析其價值和意義，具有重要作用。加評論性或解釋性的按語，在中國古代著述中是一種常見現象，自兩漢以來就已經非常流行。史書中多用「曰」的形式，如比較熟悉的《史記》中的「太史公曰」，《漢書》中的「贊曰」，以後其他史書中「評曰」、「論曰」，《資治通鑒》中的「臣光曰」等等。經學中多用「注疏」的形式，注，是對經書字句的注解，又稱傳、箋、解、章句等；疏，對注的注解，又稱義疏、正義、疏義等。注、疏內容關乎經籍中文字正假、語詞意義、音讀正訛、語法修辭，以及名物、典制、史實等，宋人將十三經之漢注唐疏合刊，「注疏」之稱開始流行。《春秋繁露》各篇中也有不少以「曰」或「董仲

_____

〔註67〕2001 年教育部、國家語委發佈的《第一批異形詞整理表》中已經整理規範的異形詞，在所收錄的推薦詞形下提示不要寫作非推薦詞形，例如：「按語」不要寫作「案語」。故本文中涉及歷史文獻中的「案語」一律轉化爲「按語」。

舒日」的方式所寫的「按語」。《春秋董氏學》中分佈於一至六卷的「按語」
共 150 餘條，其中第五、六卷尤多，且內容較長。

一、「按語」的主要功能

（一）對題目的解釋、說明與補充

對「題目」內涵意義的解釋。如卷三《春秋禮》中「改元」，下面摘錄
的是「謂一元者，大始也。知元年志者，大人之所重，小人之所輕。」〔註
68〕康有為在下面加了一條按語：「元者，君之始年，一國之民隨君，孔子
欲其謹始也。」在摘錄中，只是對「元」的含義做了解釋，而在按語中，
康有為卻解釋了其蘊含的政治含義，說明了「元始」對於「君、民」的重
要性。

對「題目」的補充說明，有的「題目」下，因《春秋繁露》中與之相關
的語句不多，為了進一步說明「題目」的宗旨內涵，康有為在摘錄之後，加
上自己對「題目」含義的理解和說明。如卷六《春秋微言》中「恕」題目下，
所引《春秋繁露》中的相關語句只有一條：「故世子曰：『功及子孫，光輝百
世，聖王之道，莫美於恕。』」〔註 69〕《春秋繁露·俞序》中的這句話，只說
明了「恕」的重要性，而沒有對「恕」之含義的解釋。康有為在後面用「按
語」加以補充：「『己所不欲，勿施於人』，『己欲立而立人』，推心加彼，理明
道順，終身可行。故仲弓可南門，三王大過人。」〔註 70〕這裡，康有為用《論
語》中對於「恕」的解說，解決了摘錄部分說理不足的問題。又如「因性」
題目下，摘錄的語句只有「因天地之性情，孔竅之所利」一句，說明也未完
善。康有為則在下面用「按語」加以補充說明：「《中庸》謂『率性之謂道』。
聖人之為道，亦但因民性之所利而利導之。因孔竅，尤精，聖人所以不廢聲
色，可謂以人治人也。」〔註 71〕康有為在這裡用《中庸》中的「率性之謂道」
來解釋「因性」的重要意義，並把「因性利導」作為實現「因性」的一項原
則，使得對於「題目」的解釋更加完善。

〔註 68〕康有為：《春秋董氏學》，《康有為全集》第二集，第 331 頁。
〔註 69〕康有為：《春秋董氏學》，《康有為全集》第二集，第 394 頁。
〔註 70〕康有為：《春秋董氏學》，《康有為全集》第二集，第 394 頁。
〔註 71〕康有為：《春秋董氏學》，《康有為全集》第二集，第 387 頁。

（二）對「摘錄」內容的解釋、說明和總結

對摘錄內容的解釋。卷一《春秋旨》開篇為「作經總旨」，先引《春秋繁露·俞序》中很長一段內容來述論述這一主題。但為什麼《俞序》在《春秋繁露》全書中有如此重要的地位呢？康有為接下來以大段「按語」做了解釋，認為《俞序》得《春秋》之本，有三點原因：

其一、孔子作《春秋》，以「仁」的思想為根本，所以「疾時世之不仁，故作《春秋》」，而《俞序篇》做到了「明王道重仁而愛人，思患而豫防，反覆於仁與不仁之間。此《春秋》全書之旨也。」

其二、康有為認為，《春秋》一書本來是體天之微而難知難讀的，但由於董仲舒明瞭其思想內涵和寫作的目的，即在於「因一國以容天下，而後知素王改制，一統天下」，以自己獨特的方式對《春秋》進行了詳細的闡發，並對前代學者的成果給予了繼承，使得《春秋》能夠傳授下去，而《俞序》起到了「提要鈎元」的作用。

其三、康有為認為「書必有序，以發明其意。」但《春秋》並無序，這就有賴後學發明之。而「後學明於《春秋》者，莫如董子。《俞序》者，《春秋》之序云爾，故以冠此書之首。」即《俞序》實際相當於是《春秋》之序，因此，它在《春秋繁露》中具有不可替代的作用。

又如卷一《春秋旨》中最後一個題目「春秋總義」摘錄了《春秋繁露·王道篇》的大部分內容，因為康有為認為《王道篇》說明了春秋的根本意義在於「尊王」和如何行王道，康有為特此在其後加上「按語」加以總結：「此篇總攬《公羊》之義，舉要無遺，如肉貫串，雖非微言雖在，而大義懍懍如日星矣。」用以突出其重要性。

對「摘錄」內容的解釋，還體現在康有為通過「按語」對「摘錄」的《春秋繁露》中的內容賦以時代性的解說，並以此來闡述康氏自己的政治觀點或學術思想。畢竟董仲舒《春秋繁露》的寫作成書距康有為的時代已經有了2000多年的歷史，書中很多的思想、事例反映的是先秦、兩漢時期的思想學術和社會文化特徵，需要給予現代詮釋，否則，康有為就很難簡單的直接利用《春秋繁露》中的話語來表述近代的思想和觀念。以卷二《春秋例·三世》下的「摘錄」和「按語」為例，康有為摘錄了《春秋繁露·楚莊王》中關於「三世」的描述：「《春秋》分十二世以為三等：有見，有聞，有傳聞。有見三世，

有聞四世，有傳聞五世。故哀、定、昭，君子之所見也；襄、成、宣、文，君子之所聞也；僖、閔、莊、桓、隱，君子之所傳聞也。所見六十一年，所聞八十五年，所傳聞九十六年。於所見微其辭，於所聞痛其禍，於傳聞殺其恩，與情俱也。」〔註72〕

　　董仲舒在《春秋繁露》中以魯國十二君爲例來論述「三世」的演變，以及對於「三世」的歷史批判所採取的不同態度，春秋距離西漢去時並不很遙遠，因此以此爲例來說明，在當時是具有其時代性的。到了東漢時何休將「所傳聞」、「所聞」、「所見」的三世分別與「據亂、昇平、太平」三世相對應，將「三世」說推進了一步。而到了康有爲所生活的近代，如何對「三世」說賦予新的思想內涵，就成爲其經學研究的關鍵所在。康有爲在「按語」當中體現了他對「三世說」的進一步發揮：「三世爲孔子非常大義，託之《春秋》以明之。所傳聞世爲據亂，所聞世託昇平，所見世託太平。亂世者，文教未明也。昇平者，漸有文教，小康也。太平者，大同之世，遠近大小如一，文教全備也。大義多屬小康，微言多屬太平。爲孔子學，當分二類乃可得之，此爲《春秋》第一大義。」〔註73〕

　　在這裡面，康有爲充分利用按語的解釋和發揮作用，以「文教」來區分「據亂、昇平、太平」三世，並將「小康」、「大同」思想引入，以解說「三世」。以《春秋》語言解釋中的「微言」「大義」來分別對應「小康」和「大同」。其目的是爲了在《春秋》的微言大義中，爲其「小康」和「大同」思想的論述尋找依據。這樣，通過「按語」的解釋，康有爲就把2000多年前先秦、兩漢時期的思想和語言解釋同他的現實目的聯繫起來，並使得「三世說」在其著作中實現了時代性的轉化。

（三）對公羊學重要命題和解經特點的闡發

　　「三世」、「三統」說，是公羊學的重要概念，在《公羊傳》、《春秋繁露》以及何休的《公羊解詁》中都是重點闡述的內容。康有爲強調要遵循依據「三世」行事的標準，在《春秋旨·爲善不法不取不棄》中，康有爲在按語中解釋了「三世」中應採取對應的不同法則來治理國家：「《春秋》義分三世，與賢不與子，是太平世；若據亂世，則與正不與賢。宣公在據亂世時，而行太

〔註72〕康有爲：《春秋董氏學》，《康有爲全集》第二集，第324頁。
〔註73〕康有爲：《春秋董氏學》，《康有爲全集》第二集，第324頁。

平世之義，不中乎法，故孔子不取。所謂王法，即素王據亂世之法。《史記》謂垂空文以斷禮義，成一王之法是也。」〔註74〕

同時，康有爲還摘錄《春秋繁露》中關於古代典章制度的記載，來說明「三統」、「三世」說的正確性。如關於禮儀，他認爲古代之冠禮、昏禮、喪禮、郊禮等都是符合「三統」之意的。他在卷三《春秋禮》中的「器械」、「宮室」、「樂律」等題目下，引述漢代文獻中關於器物、建築等制度皆符合「三統」「三世」之制。在「器械」題目下的按語說「器之黑、白、赤，輿蓋之尊卑，鸞之四二，玉之圓、方、橢、衡，皆三統也。」而在「宮室」題目下，在摘錄了古代建築規制的介紹內容後，以「按語」來說明其與「三統」相契合：「此郊宮明堂之三統也。今之宮室，方衡卑污，遵用夏統。蓋禹卑宮室，孔子美之。」〔註75〕爲了突出「三統」之於整個人類社會都是通則，他還以「西學中源」之說來給予論證：「泰西宮室，孔子早爲之預制，寄之三統，以待後世顧役之時用之。孔子之神智，至仁極矣」，爲了論證「三統」眞理的普遍性和神化孔子，康有爲的牽強附會已經到了極點。

「公羊學」最重要的經學解釋特點是注重「口口相傳」的「口說」，這也是它和古文經學解經方法的不同之處。康有爲在卷四《春秋口說》中專門摘錄了《春秋繁露》繼承和發揮「口說」的內容。本卷按語不多，但其獨特之處是以《穀梁》、何注《公羊傳》、劉向《說苑》來配合「按語」，共同解說所摘錄的內容。如在本卷中，康有爲標注爲「董子口說，與何注同，出《公羊》外」一部分的摘錄中，即將《春秋繁露》、何注《公羊傳》中的注釋及按語串聯起來，對「口說」的可靠性加以解釋：「故《春秋》應天作新王之事，時正黑統，王魯，尚黑，絀夏，親周，故宋。《三代改制》下引何注：「隱元年何注：《春秋》託新王，受命於魯。」「又：《春秋》王魯，託隱公以爲始受命王。」「莊二十七年何注：杞，夏后。不稱公者，《春秋》黜杞新周而故宋，以《春秋》當新王……」〔註76〕接下來是康有爲所加之「按語」：「王魯、新周、故宋、黜夏，此非常可怪之論，董子屢發之，與何休同，其說蓋由口口相傳之故。」〔註77〕又如康有爲還引述比董仲舒時代稍晚的劉向《說苑》中的語句

〔註74〕康有爲：《春秋董氏學》，《康有爲全集》第二集，第320頁。
〔註75〕康有爲：《春秋董氏學》，《康有爲全集》第二集，第345～346頁。
〔註76〕康有爲：《春秋董氏學》，《康有爲全集》第二集，第361頁。
〔註77〕康有爲：《春秋董氏學》，《康有爲全集》第二集，第361頁。

來論證董仲舒「口說」之可靠，其形式與上面相同：「獻八佾，諱八言六。」康有爲在此處摘錄《春秋繁露・王道》關於「八佾」問題的口說，極爲簡略，他似乎覺得不能充分說明問題，於是引述劉向的《說苑》「《說苑・貴德篇》：今隱公貪利，而身自漁濟上而行八佾，以此化於國人，國人安得不解於義？解於義而縱其欲，則災害起而臣下僻矣。」接下來康有爲再加以「按語」說明：「《經》言六羽耳，董子何以知爲八佾？蓋口口相傳也，不然何《說苑》亦同之耶？」〔註78〕此種廣引其他文獻以證明的方法，倒頗類似於漢學的考據之法，只不過考據的「對象」不是漢學的「字、音、辭」及典籍的眞僞，而是口口相傳的「口說」。且這種考據在漢學考據家看來也未免過於粗疏罷了。康有爲認爲，「口說」的最大政治功能，在於傳遞了孔子的改制思想，而使之雖未著於經典而能傳續：「自漢前，莫不以孔子爲素王，《春秋》爲改制之書，其他尚不足信，董子號稱醇儒，豈爲誕謾而發？《春秋》作新王，當新王者不勝枚舉，若非口說傳授，董生安能大發之？出自董生，亦可信矣」因此，口說是不可不信的。

二、「按語」體現的基本思想

（一）突出董仲舒的歷史地位

在卷四《春秋口說》的卷首語中，康有爲闡明了董仲舒在春秋學中的地位和貢獻：「董子爲《春秋》宗，所發新王改制之非常異義及諸微言大義，皆出經文外，又出《公羊》外。然而以孟、荀命世亞聖，猶未傳之，而董子乃知之。又，《公羊》家不道《穀梁》，故邵公作《穀梁廢疾》，而董子說多與之同，又與何氏所傳胡母生義例同。此無他，皆七十子後學，師師相傳之口說也。《公羊》家早出於戰國，猶有諱避，不敢宣露，至董子乃敢盡發之。」〔註79〕這裡，康有爲肯定了董仲舒對於「春秋學」的幾大歷史貢獻：

其一，對於「改制」之義的闡發有創新性，並不拘泥於經文解釋，比之《公羊傳》有了新的突破。其對春秋學發展的貢獻甚至超過孟子和荀子。其二，《公羊傳》與《穀梁傳》爲「春秋學」的兩個不同傳承體系，長期以來兩派經師各傳其學，東漢時公羊學者何休曾著《穀梁廢疾》，指出《穀梁傳》存在的弊病，才使得學者治學兼及公、穀兩傳。而康有爲認爲，西漢時董仲舒

〔註78〕康有爲：《春秋董氏學》，《康有爲全集》第二集，第 359 頁。
〔註79〕康有爲：《春秋董氏學》，《康有爲全集》第二集，第 357 頁。

的經學研究中就已經包含有何休兼及兩傳的內容，這是因爲董仲舒接續了孔子弟子口說的微言大義，對「春秋學」是從宏觀大局上把握的，因而其在漢儒中的地位和作用無出其右者。其三、《公羊傳》出於戰國時期，由於時代和環境的限制，很多關於孔子和《春秋》的精神實質未能加以詳細闡說，而董仲舒生於漢代，又正逢今文經學大興之時，對於「春秋學」的思想有較爲深入的闡述，做到了前代學者所未能做到之事。

（二）通過董仲舒來突出孔子改制的歷史形象

康有爲突出孔子改制的歷史形象，與董仲舒的相同之處，在於都將孔子「改制」與順應「天數」結合起來，以期增加說服力。例如，在卷五《春秋改制》中的「孔子春秋代天發意」題目下，康有爲先摘錄了《春秋繁露‧深察名號》篇中對於孔子順天改制以發天意的論述：「名號異聲而同本，皆鳴號而達天意者也。天不言，使人發其意；弗爲，使人行其中。名則聖人所發天意，不可不深觀也。」康有爲在其後加以論述，也肯定孔子「代發天意」的觀點：「孔子之創制立義，皆起自天數。蓋天不能言，使孔子代發之。故孔子之言，非孔子言也，天之言也；孔子之制與義，非孔子也，天之制與義也。天之制與義，游、夏自不能贊一辭，餘子安能窺測？但觀其製作服從而已。」〔註80〕這樣，康有爲就將接續董仲舒，把孔子的思想附會爲具有神秘色彩的「代天發意」，而能夠揭示孔子這一思想的，在古代只有董仲舒一人。而其潛臺詞則是時值近代，能夠揭櫫這一思想的，只有他康有爲一人，這樣，康有爲通過對《春秋繁露》的摘抄，並加以「按語」的闡釋，就形成了一個「孔子——董仲舒——康有爲」的改制思想的傳承體系。

而要領會孔子的「受命改制」思想精髓，關鍵在於對《春秋》一書的領會：「孔子受命製作，以變衰周之弊，改定新王之制，以垂後世，空言無徵，故託之《春秋》。故《春秋》一書，專明改制，譬猶『大孔會典』云爾。」〔註81〕康有爲認爲《春秋》將孔子改制思想完整的表現出來，概括起來有兩方面的內容，一是除天下之患、結束爭亂，以實現一統；二是得政治之得失，盡民之性情，以實現天下大治。而這也正是歷史上一切改革和改制的基本目標。康有爲宣揚「孔子改制」，還有一個觀點特別值得注意，就是他認爲，後人領會「孔子改制」的思想，重點在於能夠結合其基本思想，而做出適合時代特

〔註80〕康有爲：《春秋董氏學》，《康有爲全集》第二集，第365頁。
〔註81〕康有爲：《春秋董氏學》，《康有爲全集》第二集，第365頁。

點的推衍、補充和發展。爲此，他專門引述了《春秋繁露・玉杯》篇的一個例證：「今夫天子踰年即位，諸侯於封內三年稱子，皆不在《經》也，而操之與在《經》無以異。非無其辨也，有所見，而《經》安受其贄也，故能以比貫類、以辨付贄者，大得之矣。」康有爲在此後所加的按語進一步解釋了對於「孔子改制」的思想，後世之人更應注重推衍和發展：「《藝文志》譏后蒼以士禮推於天子，不知孔子改制舉其大綱，其餘條目皆任弟子之推補，故孔門後學皆有推補之權。觀此可明。」〔註82〕康有爲以此論證了以自己的目的爲出發點，推衍、發揮孔子改制思想的合法性性所在。

（三）借助董仲舒的言論來否定古文經學，提高今文經的地位

康有爲接續其幾年前所作之《新學僞經考》，在《春秋董氏學》一書中對古文經學，特別是《左傳》給予了徹底的否定。指出自僞《左傳》出，給《春秋》傳「孔子之道」造成了莫大影響。如他在卷二《春秋例》「王魯」題目下的按語中說：「緣魯以言王義。孔子之意，專明王者之義，不過言託於魯，以立文字……自僞《左》出，後人乃以事說經，於是周、魯、隱、桓、定、哀、郊、滕，皆用考據求之，癡人說夢，轉增疑惑，知有事而不知有義，於是孔子之微言沒，而《春秋》不開通矣。尚賴有董子之說，得以明之。」〔註83〕康有爲認爲靠考據的解經方法，只能求「事」，不能求得孔子的微言大義。《左傳》破壞了孔子託之《春秋》以傳「三世」之微言大義，「自僞《左》滅《公羊》，而《春秋》亡，孔子之道遂亡矣。」〔註84〕其影響不可謂不大。

康有爲對一切古文經持否定態度，對毛傳《詩經》也不例外，認爲它破壞了孔子通過《詩經》傳達「王魯」之意：「《詩》有三頌。《周頌》、《魯頌》、《商頌》，孔子寓親周，故宋，王魯之義。不然，魯非王者，何得有頌哉？自僞《毛》出而古義湮，於是此義不復知，惟太史公《孔子世家》有焉。」〔註85〕而對比董仲舒對於「禮制」的記載和論述，古文經學的「禮經」也不可信：「董子之言郊事，至詳明。其義皆以事天，未嘗以事地。其時皆以正月上辛，所謂多至，未嘗以夏至。郊止一，更無北郊，況東西郊，五郊乎？天爲百神之大君，故獨尊天，無與比偶者。可證《周禮》之謬僞。」〔註86〕在此基礎

〔註82〕康有爲：《春秋董氏學》，《康有爲全集》第二集，第329頁。
〔註83〕康有爲：《春秋董氏學》，《康有爲全集》第二集，第324頁。
〔註84〕康有爲：《春秋董氏學》，《康有爲全集》第二集，第324頁。
〔註85〕康有爲：《春秋董氏學》，《康有爲全集》第二集，第324頁。
〔註86〕康有爲：《春秋董氏學》，《康有爲全集》第二集，第352頁。

上，康有為批判古文經學家：「閣束傳文，獨報遺經，豈知遺經者，其文則史，於孔子之義無與？買櫝還珠，而欲求通經以得孔子大道，豈非南轅而北其轍？入沙漠而不求鄉導，涉大海而不求舟師，其迷罔而思反，固也。」〔註87〕他認為，古文經最大的弊端並不在於治學方法上沉溺於文字的訓詁考據，而在於對於「聖人」微言大義的曲解，他舉了《左傳》對《春秋》之意歪曲理解的例證：「宋襄之敗，而《春秋》美之。左氏乃譏宋襄，何其好惡與聖人相反也！」〔註88〕

（四）會通諸子之學解說公羊學

康有為早年遍讀群書，對於諸子、西學、佛教之書接觸甚多，在其教學中，他也將這些知識融入到其經學教學內容中，在其教學「講義」、提供的閱讀書目名單和學生的「課堂筆記」當中都可以看到。在《春秋董氏學》的「按語」中，他把諸子學、西學、佛學的思想融入到對公羊學的解釋中。如卷一《春秋旨‧親德親親》題目下的「按語」：「墨子之教，號稱『尚同』，而必施由親始。佛教號稱冤親平等眾生，同道而先度者，自其父淨飯王，其妻耶輸夫人，其子羅雲，其弟子阿難。終日說法，雖備人天，實為諸比丘。不獨漢祖功臣，多出豐沛，光武佐命，皆起南陽，杏壇教化，齊魯尤深：是天理之自然。孔子因其自然，而設條理耳。」〔註89〕這裡，康有為引用先秦墨家「尚同」學說、佛家「眾生平等」思想，卻並非簡單引用，而是加以改造，用自己的理解去重新解釋。其實質是論證「尚同」、「眾生平等」等學說並不與儒家的「親親尊尊、愛有等差」的觀點相牴觸。「尚同」與「眾生平等」並不能消除「親親」的存在。康有為還借助歷史事實來說明「親親」在歷史上實實在在的影響：「諸教皆有立教之根本。老子本道，天地為不仁，以萬物為芻狗，此老子立教之本。故列、楊傳清虛之學，則專以自私。申、韓傳刑名之學，則專以殘賊，其根本然也。」〔註90〕康有為列舉諸子，是為了擡高孔子的地位，接下來說「孔子本天，以天為仁，人受命於天，取仁於天，凡天施、天時、天數、天道、天志，皆歸之於天。故尸子謂『孔子貴仁』。不過，孔子的這些重要思想，卻離不開董仲舒的傳承與廣大：「孔子立教宗旨在此，雖孟、

〔註87〕康有為：《春秋董氏學》，《康有為全集》第二集，第 356 頁。
〔註88〕康有為：《春秋董氏學》，《康有為全集》第二集，第 394 頁。
〔註89〕康有為：《春秋董氏學》，《康有為全集》第二集，第 312 頁。
〔註90〕康有為：《春秋董氏學》，《康有為全集》第二集，第 375 頁。

苟未能發之，賴有董子，而孔子之道始著也。」〔註91〕因此，董仲舒在儒學發展史上的地位就是不可低估的了。

通過對《春秋董氏學》學理的分析可以看出，它的編輯出版，使其與《新學僞經考》、《孔子改制考》共同構成了康有爲較爲完整的今文經學理論體系。如果說康有爲以《新學僞經考》否定古文經學，是爲建立自己的今文經學理論做了前提性的工作，作《孔子改制考》來證明孔子之學的精髓在於創教改制，那麼要完成其今文經學理論體系的構建工作，還必須對今文經學的經典做一番徹底的重新審視、解讀和闡述發揮，進而使得其理論體系更加完整和堅實。這一工作，就是通過對公羊學的重要著作《春秋繁露》的再解釋，通過對「董氏學」的專門研究來實現的。康有爲在《春秋董氏學》中闡述了「董氏學」是洞悉孔子之道的最佳途徑，而董仲舒是孔子之道的最重要傳人。同時，康有爲還強調，理解《春秋》首先要明確改制之義，而「董氏學」是理解改制之義的關鍵所在。在《春秋董氏學》中，康有爲正是以「董氏學」作爲溝通他和孔子的一個重要途徑，以董仲舒之言來表達自己的觀點和主張，因此該書實爲容孔子、董仲舒和康有爲思想於一體的經學著作。它的完成，即標誌著戊戌前康有爲構建今文經學理論體系的完成，也是康有爲關於「董氏學」研究走向成熟的標誌。

戊戌之後，康有爲的經學思想也有發展，但其思想性、學術創見性和與時代相契合性均大不如戊戌之前。雖然，他在戊戌後的《中庸注》、《論語注》、《孟子微》及《春秋筆削大義微言考》等著作，是對其之前所構建的經學理論體系的進一步補充和完善，但創見性和影響力都比較有限。這些著作中在一定程度涉及到「董氏學」的有關內容，但從經學理論上未能突破戊戌前的基本框架，其思想性也少有創新，因此其價值和意義都難以與《春秋董氏學》、《孔子改制考》相比肩。晚年的康有爲，逐漸淪爲一個政治和文化上的保守者，他在參與丁巳復辟失敗後，已較少涉及政治活動。不過，康有爲對於董仲舒的尊崇並未改變，這在他於 1923 年 11 月 29 日赴西安講學時祭拜當地的「董江都相祠堂」，所發表的簡短演講中對董仲舒地位與思想影響的評價中可以窺見一二：「中國文化，改制於孔子，修教明倫，實爲首功……孔子出而制定禮法，人倫以明，大防以立，而兩千年來之人心風俗，咸就範圍……逮至漢初，廣川董子實紹其傳……其選孔子之定爲國教，孔學之見用於世，實自

〔註91〕康有爲：《春秋董氏學》，《康有爲全集》第二集，第 375 頁。

董子發明其事，二千年孔子之學術政治行於中國，董子之功也。董子之書，今有《繁露》，實今文《公羊》之大宗，大義微言，所託以傳……鄙人所以信《春秋》三世之義、孔子改制之說，因而確知孔子爲創教主，因而演《大同書》，因而發明孔子之新教，皆因董子爲醇儒，因爲此非常義也。乃敢信而演孔推廓之。若無董子《繁露》，惟有何劭公之《公羊注》，則不足取信，而孔子三世之義、改制之說不敢信據，即孔子新教，無由發太平大同之道，吾亦無由聞矣。董子之功德浩大如此，所以有《春秋董氏學》一書發明之……」〔註92〕這篇並不太長的演講，其中對於董仲舒本人的尊崇和對於「董氏學」的推崇，與戊戌之前並無差別。不過，歷史已經進入到了 20 世紀 20 年代，仍被康有爲所抱有的與「董氏學」密切相關的「三世之義」與「改制之說」，早已失去了推動社會變革的時代性和理論指導意義。而仍爲康有爲在演講中念念不忘的他的著作《春秋董氏學》，在此時除了作爲經學史研究對象的作用外，已很難稱得上具有什麼現實意義了。

〔註92〕康有爲：《長安演講錄·第八次演講》，《康有爲全集》第十一集，第 292～293 頁。

第四章　晚清學者關於「董氏學」研究的不同觀點分析

　　晚清時期，關注「董氏學」的並非只有今文經學家，古文經學家和宋學家對於「董氏學」也給予了一定的關注。其中古文經學家對於「董氏學」的研究尤其值得注意。今古文學者在晚清的學術分歧，具有特定的時代特色，既有學術觀點的差異，又有政治立場的分歧。學者關於「董氏學」不同觀點的分歧是晚清學術發展的一個重要方面。分歧的焦點問題就是如何評價「董氏學」，如何看待以「董氏學」作爲改制變法的依據，以及對於「董氏學」中重要命題的分析和評價。

第一節　《翼教叢編》對於康有爲「董氏學」的非難

　　《翼教叢編》一書，是戊戌政變發生後，反對維新的保守派爲了進一步打擊維新派，消除其政治和思想影響，由王先謙的門人蘇輿〔註1〕將戊戌之前及戊戌期間學者、官紳與維新派論學及攻擊維新派政治主張的文章結集而成。其中湖南籍的官員、鄉紳佔了相當部分。《翼教叢編》成書的重要原因之一是戊戌期間梁啓超、譚嗣同等維新士人將湖南作爲宣傳變法維新的一個重要基地，他們得到了一些湖南官員的支持，在湖南創辦學會，開設學堂從事講學活動，宣傳維新思想。這引起了保守派的不滿和恐慌，他們以「衛道」

〔註 1〕 蘇輿，字嘉瑞，號厚庵，晚號閒齋，湖南平江人。光緒三十年（1904 年）進士，官郵傳部郎中。見楊樹達：《平江蘇厚庵先生墓誌銘》，《民國人物碑傳集》，北京：團結出版社，1995 年，第 467 頁。

和「翼教」的名義，紛紛向維新派發難。他們特別對於維新派藉「春秋公羊學」宣傳變法，以「改制」之說鼓吹社會變革尤爲不滿，而對於他們在湖南開設學堂，大講今文經學和宣傳維新思想，則已達到了忍無可忍的地步：「梁之在學堂教習也，《孟子》、《公羊》外無他經焉，其章程所舉之書，裝點門面，詢之學堂諸生，乃知其不然。《春秋繁露》則又人人誦習，豈董氏一家之學，在六經之上乎？至於《新學僞經考》，曾經奉旨禁燬；《孔子改制考》、《春秋董氏學》，援引異學，侵奪聖經，是梁之董治而修明之者，皆其師康有爲之謬說也。如是而經史之絕何待十年，天生康、梁以絕經也。悲夫！」〔註2〕可見，保守派對於康、梁等人的詆毀和攻擊中，批判他們借「董氏學」以宣傳所謂「謬說」是一個重要方面。兩派之間的分歧，除了政治上的立場之爭外，學術背景和觀念的不同，也是引發這場論爭的重要因素。

一、關於「董氏學」中「性理」之學的爭論

「董氏學」中關於「性理」之學的爭論發生在康有爲和朱一新之間，且這場學術論爭的發生，早在戊戌變法之前七年。朱一新（1846～1894），字蓉生，號鼎甫，浙江義烏人，光緒二年（1876）中進士，曾任翰林院編修等職。1887年，應兩廣總督張之洞函聘至廣東，主講肇慶端溪書院兩年。1889年，任廣雅書院掌教，後將平日講學的重要內容，輯成《無邪堂答問》5卷。康有爲與朱一新在19世紀九十年代初都曾在廣州講學，朱一新大康有爲十二歲，當時的學術影響和社會地位也非康有爲所能比。1891年7月，康有爲及其弟子著成《新學僞經考》，不久，康就將此書交給朱一新閱讀，期望自己的作品能夠得到這位頗有影響力的學術前輩的稱讚。不料，卻遭到了朱一新的批判和責難。朱一新與康有爲論學的信函共七封，康有爲答覆的信函共三封，收錄在《康有爲全集》中。康有爲與朱一新二人在十九世紀九十年代初的論學，在晚清學術史上有著重要的意義，因此頗受關注。

戊戌政變後蘇輿所編的《翼教叢編》一書，首先收錄了「朱侍御答康有爲」的五封書信，作爲保守派反對維新派的學理依據。不過，此時朱一新已經去世四年，他在生前也恐未料到兩人的論學書箚後來會成爲保守派在政治和學術上攻擊康有爲的重要材料。考察康、朱二人論學的往來書信，從雙方

〔註2〕《汨羅鄉人〈學約〉糾誤》，《翼教叢編》，上海：上海書店，2002年，第139頁。

書信內容分析來看，康有爲的第一封信是對朱一新前三封信的回覆；康有爲的第二封信是對朱一新第四封信的回覆；康有爲的第三封信是對朱一新第五封信的回覆，朱一新的第六、七封信則未見康的回覆。康有爲與朱一新關於「董氏學」的分歧主要集中對「性、理」等儒家倫理層面的分析。

康有爲論「性理」之學，多引荀子、董仲舒的思想，朱一新對此頗不以爲然。在朱一新看來，孔子言「性」，「明著於《繫辭》、《論語》，與《詩》、《書》、《中庸》、《樂記》所言若合符節，自告子、荀子之論出，乃始於老莊、釋氏相混……今君論性，以荀、董爲歸，僕姑舉二家之失而折衷於聖人，可乎？」〔註3〕在朱一新看來，傳孔子「性理」之學眞諦的在於《繫辭》、《論語》、《孟子》、《中庸》等書，而荀子之「性惡」之論則毫無道理：「《孟子》七篇多言審端致力之事，曷嘗任性而廢學哉？《繫辭》之窮理盡性，《論語》之性近習遠，與孟子之言性善一也。惟性善故相近，惟性善故可學，若人性本惡，則不待習而已遠，縱慾學而不能，又何相近之有？」〔註4〕朱一新對於「性」之善惡的看法是：「聖人不授權於氣質，而必以善歸諸性，故質有善有惡，情有善有惡，欲有善有惡，惟性也有善而無惡。」在他看來，質、情、欲都可以有善惡之分，而性則不存在善惡之分。因此，荀子的「性惡」說混淆了情與性之間的關係，是站不住腳的：「彼荀卿者蓋以情爲性，昧乎性之本原，而又好爲立異，不自知其言之過當者也。信如所言，是聖王制禮，但爲苦人之具，而並非順乎性之自然，無惑乎老莊、釋氏之徒，皆欲逃出乎禮法之外，昌言棄禮而不之恤矣……荀子尊學而絀性，沿流而昧原，悍然斥之曰性惡。夫尊學者是也，絀性者非也。」〔註5〕

而康有爲在回信中則極力爲荀子辯護：「荀子之與孟子辨者，其言曰『今人之性，生而離其樸，離其質，必失而喪之，由此觀之，然則人之性惡明矣』。是荀子之與孟子辨者，蓋深恐人之任性而廢學，而所謂性惡者，以質樸之粗惡言之，非善惡之惡者。是荀子之言，未見有悖於聖言者也……足下謂自告子、荀子之論出，乃始與老、莊、釋氏相混。大著雖未獲拜讀，然謂『聖王

〔註3〕 朱一新：《朱侍御答康有爲第五書》，蘇輿：《翼教叢編》，上海書店出版社，2002年，第12頁。

〔註4〕 朱一新：《朱侍御答康有爲第五書》，蘇輿：《翼教叢編》，上海書店出版社，2002年，第13頁。

〔註5〕 朱一新：《朱侍御答康有爲第五書》，蘇輿：《翼教叢編》，上海書店出版社，2002年，第13～14頁。

制禮，但為苦人之具，非順乎性之自然，無惑乎老、莊、釋氏之徒皆欲逃出乎禮法之外』。」康有為之所以極力為荀子的「性惡說」辯護，主要是因為他認為董仲舒接續了荀子的人性論，是對於儒學「性理」之學的正確認識：「董子為嫡傳孔門之學，其論性之精，得自孔子，足下可披其書而自見之，亦不待僕為之辨，蓋足下豈徇己說以求勝之人哉？」〔註6〕而康有為同時還提出了一個重要的觀點，即「夫理愈窮而愈出，道日闢而日新，積人積智，而後苟有能補先聖之萬一者，雖與先聖稍有異同，而起聖人於九原，猶將諒之。」〔註7〕他強調，後世儒者，對於儒學經典的繼承，不應墨守成說而不變，而要有所探索、發展和創新，即所謂「理愈窮而愈出，道日闢而日新」，這樣才能稱得上是對於聖人之道的真正領會。

對於康有為借董仲舒之言「論性」，朱一新也頗不以為然。他認為董仲舒擅長於陰陽五行學說的論說，「性理」之學絕非其所長：「董子長於言陰陽五行而短於言性……且董子明陰陽五行，既知身有性情，猶天之有陰陽矣，盍亦思陰助陽以生物，陽之德固主生而不主殺乎？謂性不皆善，是必天地不以生物為心而後可也。天道無不善，則稟乎天以為性者，安有不善？董子但知善出於性，而不知性實出於善，已顯與《繫辭》相悖，乃漫援善人有恒以為喻，其說益復支離。善人者成德之稱，豈性善之謂乎？」〔註8〕朱一新認為，檢驗儒者言行正確與否的尺度，在於看是否符合孔子的「手著之言」，而不能靠所謂「口口相傳」之說。他認為康有為過於重視口說之言，而輕視「手著之言」，在治學方法上存在誤區：「牽於董子之言，祖《公羊》，遂祖《繁露》，而因祖及荀子耳。僕於董、荀之學皆有篤嗜，而其悖於聖言者未敢一例附和。董子有言：『正朝夕者視北辰，正嫌疑者視聖人。』請以聖人手著之《繫辭》，一正董、荀，可乎？」〔註9〕康有為對於朱一新「論性」的答覆，主要在其覆朱一新的第三封信中，康認為：「《繫辭》一書，多稱『子曰』，則是出於門人所記，非孔子手定之本，以之解《易》，則與以《公》、《穀》解《春秋》同，要未可躋之為經也。」〔註10〕而針對朱一新在治學方法上的批判，康有為則

〔註 6〕 康有為：《答朱蓉生先生書》，《康有為全集》第一集，第 330 頁。
〔註 7〕 康有為：《答朱蓉生先生書》，《康有為全集》第一集，第 330 頁。
〔註 8〕 朱一新：《朱侍御答康有為第五書》，蘇輿：《翼教叢編》，上海書店出版社，2002 年，第 14～15 頁。
〔註 9〕 朱一新：《朱侍御答康有為第五書》，蘇輿：《翼教叢編》，上海書店出版社，2002 年，第 15 頁。
〔註10〕 康有為：《答朱蓉生先生書》，《康有為全集》第一集，第 329 頁。

反詰其拘泥於宋學的固有成說，難有自己的理解與發揮：「足下論陰陽理氣，而徒泥宋儒之書，愈辨而障愈深也。」〔註11〕

康、朱二人雖在學術觀點上分歧頗大，但這種分歧只限於學術的範圍內，屬於正常的學術爭鳴。兩人還保持了不錯的私人關係，朱一新去世後，康有為曾作有《祭朱蓉生侍御文》，來祭奠朱一新，其祭文頗為情深意切。

二、對「孔子改制」的批駁

戊戌時期，保守派學者文悌自述其閱讀康有為所著之書籍後，認為其書：「以變法為宗，而尤堪駭異者，託詞孔子改制，謂孔子作《春秋》，西狩獲麟，為受命之符，以《春秋》變周為孔子當一代王者，明似推崇孔教，實則自申其改制之義。」〔註12〕文悌揭露康有為借《春秋》託詞孔子改制，來實現其個人的政治目的，卻也符合實際情況。文悌又接著指出康有為借助「董氏學」來宣傳改制的情況：「大抵援據《公羊》何休學黜周王魯變周從殷之說，首引董仲舒《春秋繁露》、《淮南子》各書，以為佐證，不知何休為《公羊》罪人，宋儒早經論定。董仲舒本傳『其所著《繁露》、《玉杯》、《竹林》各自為卷』，今本則皆在《繁露》一編中，故《崇文書目》已疑《春秋繁露》非董子原書，程大昌攻之尤力。國朝文淵閣著錄《春秋繁露》十七卷，亦置之附錄，提要謂其中無關經義者多……自三傳以下，假託聖賢以伸己說者何可勝數，又焉能於蠹簡之餘欲盡廢群籍，執一家之言而謂為獨得聖人改制之心哉？至於《淮南》乃漢淮南王劉安所著，之殷變夏、周變殷、春秋變周，三代之禮不同等言，不過叛王肇亂之辭，殆於漢末張角妖言『蒼天已死，黃天當立』正同，尤不可據之為典。」〔註13〕文悌首先對《春秋繁露》一書的可信性和重要性提出質疑，指出其並無康有為所宣傳的那樣具有重要的學術和思想價值。其次，他還指出，這種利用某種政治書籍和學說，以為獨得聖人思想主旨和真諦，並以此來惑眾以達到個人目的的情況，在歷史上曾經屢次發生，西漢的淮南王劉安和東漢末年策動黃巾起義的張角就是明證。

另一個保守派人物王仁俊所著《實學平議》中專闢「改制闢謬」一條，

〔註11〕 康有為：《答朱蓉生先生書》，《康有為全集》第一集，第329頁。

〔註12〕 文悌：《文仲恭侍御嚴劾康有為摺》，蘇輿：《翼教叢編》，上海書店，2002年，第29頁。

〔註13〕 文悌：《文仲恭侍御嚴劾康有為摺》，蘇輿：《翼教叢編》，上海書店，2002年，第29～30頁。

來抨擊康有爲借助春秋公羊學以鼓吹改制:「今之世何世乎,亂世賊子亦太無忌憚矣。挾一民主之成案,而草竊可以公然叛逆;挾一改制之謬論,而匹夫可以帝制自爲。張禹假《論語》以導其諛,新莽託《周官》以成其篡,近人竊《公羊》以便其私,三者皆飾經文奸者也。素王改制,此公羊家說耳。揚子曰『眾言淆惑折諸聖。』」〔註14〕接下來王仁俊給「改制非聖」歸納了「十大謬」,其矛頭直指康有爲的公羊學理論及其改制思想,並處處影射康有爲及其弟子在政治上有「不軌」之心,其中第三條就是指責其利用「董氏學」妄託改制之義:「難者曰:董仲舒,漢之大儒也,《春秋繁露》、《三代質文》、《符瑞》、《玉杯》、《楚莊王》諸篇皆及改制,然則董說非歟?曰:此亦有故。蓋漢儒惡秦,甚不欲漢承秦後,因《春秋》託王相傳爲素王黑統,故以黑統歸素王,衍爲改制之說,江都蓋有所受之。《繁露》精理名言,不一而足,改制之說,不過別存一義,豈可因其大醇,護其小疵?」〔註15〕

在王仁俊看來,董仲舒在儒學發展史上的地位確實不可否認,董仲舒的著作中也確實有「改制」方面的內容,但他認爲這是歷史特定時期的產物,「改制」之說並非董仲舒思想的精華,因此也不能藉此宣傳和突出「改制」的合理性。保守派人物對於董仲舒地位及其思想的評價不盡相同,但有一個共同之處,就是反對以「董氏學」作爲推動社會改制變革的工具,這與其政治取向是基本一致的。

第二節 《春秋董氏學》與《春秋繁露義證》之比較

蘇輿所著之《春秋繁露義證》是晚清時期「董氏學」研究的一部重要著作,也是清代流傳下來的《春秋繁露》注釋本中較爲完備的一部。《春秋繁露義證》刊刻於宣統二年(1910年),其注釋《春秋繁露》的原因除了他在自述中所說的「少好讀董子書,初得凌氏注本,惜其稱引繁博,義蘊未究。」〔註16〕還在於後來他發現「已而聞有爲董氏學者,繹其義例,頗復詫異」。在蘇輿看來,《繁露》非完書也,而其說《春秋》者,又不過十之五六。然

〔註14〕王仁俊:《王幹臣吏部〈實學平議〉》,蘇輿:《翼教叢編》,上海書店,2002年,第59~60頁。

〔註15〕王仁俊:《王幹臣吏部〈實學平議〉》,《翼教叢編》,上海書店,2002年,第60頁。

〔註16〕蘇輿:《春秋繁露義證·自序》,《春秋繁露義證》,中華書局,1992年。

而五比偶類，覽緒屠贅，尙可以多連博貫，是在其人之深思愼述。而緣引傳會，以自成其曲說者，亦未嘗不因其書之少也。」〔註 17〕蘇輿認爲，《春秋繁露》一書內容複雜，以及既往研究不足，是造成學者對其牽引附會，曲解書中內容的重要原因。當然，蘇輿這裡所指之「有爲董氏學者，繹其義例」和「緣引傳會，以自成其曲說者」都是有所指向的，即針對劉逢祿、宋翔鳳、魏源、康有爲等晚清今文學家的「董氏學」研究，如蘇氏所言：「國朝嘉道之間，是書大顯，經學之士，益知鑽研《公羊》。而如龔自珍、劉逢祿、宋翔鳳、戴望之徒，闡發要眇，頗復鑿之使深，漸乖本旨。承其後者，沿僞襲謬，流爲隱怪，幾使董生純儒蒙世詬厲，豈不異哉！」在蘇輿看來，清代自常州今文經學者對「董氏學」的研究，偏離了董仲舒思想的實質，而造成了學術上的混亂。

　　因此，蘇輿注釋《春秋繁露》的目的主要有二：一是在淩曙的基礎上繼續完善《春秋繁露》的文字考證和疏通，使得其書能夠得到更好的流傳。二是通過注釋和解釋，對被清代今文經學家所「曲解」和「篡改」的經典進行匡正和重新解讀。

　　此外，還應指出，蘇輿自戊戌時期就是政治上的保守派，他追隨王先謙、葉德輝等守舊學者，對維新極盡攻擊之能事。雖然到了《春秋繁露義證》成書的宣統年間，國內形勢發生了巨大變化，戊戌年間的「維新」與「守舊」之間的對立，早已不是社會運動的主題，清政府主導下的「新政」也已進行了多年。比之「戊戌維新」還要「激進」的革命更是風起雲湧，早已蓋過了康有爲宣傳改良的勢頭。但蘇輿的思想似乎並沒有什麼發展和變化，依舊陷在「守舊」的窠臼中，對於康有爲等人仍不依不饒。他對於戊戌時期康有爲在學術上大力提倡公羊學，通過大談「董氏學」以論證「孔子改制」耿耿於懷。他在《春秋繁露義證‧例言》中指出：「光緒丁戊之間，某氏有爲《春秋董氏學》者，割裂支離，疑誤後學。如董以傳所不見爲『微言』，而刺取陰陽、性命、氣化之屬，摭合外教，列爲「微言」，此影附之失實也。三統改制，既以孔子《春秋》當新王，則三統上及商周而止。而動云孔子改制，上託夏、商、周以爲三統。此條貫之未晰也。郜取乎莒，及魯用八佾，並見公羊，而以爲口說，出公羊外。此讀傳之未周也。其他更不足辨。」〔註 18〕因此，蘇

〔註 17〕蘇輿：《春秋繁露義證‧自序》，《春秋繁露義證》，中華書局，1992 年。
〔註 18〕蘇輿：《春秋繁露義證》，中華書局，1992 年，第 3 頁。

興此書之目的，有匡正爲常州學派及康有爲所曲解之「董氏學」的用意，是非常明顯的，在其「義證」的字裏行間，可以找到這種痕跡。

一、關於「三世說」的分歧

在康有爲的「董氏學」理論中，「三世說」和「三統說」是重要內容，是論述孔子改制的理論基礎和根據。他在《春秋董氏學》中說：「三世爲孔子非常大義，託之《春秋》以明之。所傳聞世爲據亂，所聞世託昇平，所見世託太平」康有爲並加以進一步的發揮和解釋：「亂世者，文教未明也；昇平者，漸有文教，小康也；太平者，大同之世，遠近大小如一，文教全備也。大義多屬小康，微言多屬太平。爲孔子學，當分二類，乃可得之。此爲《春秋》第一大義。」〔註19〕

蘇興在《春秋繁露義證》中對公羊學的重要概念「三世說」提出了自己的解釋：「《春秋》分十二世以爲三等，有見，有聞，有傳聞。有見三世，有聞四世，有傳聞五世。故哀、定、昭，君子之所見也。襄、成、文、宣，君子之所聞也。僖、閔、莊、桓、隱，君子之所傳聞也。」〔註20〕蘇興在此下的解釋是：「董子言三世，不用亂世、昇平、太平之說，近人多稱據亂世，何休《公羊解詁序》云：『本據亂而作。』疏云：『謂據亂世之史而爲《春秋》。』是『據亂』二字不相聯也，今刪據字。要以漸進爲主。」〔註21〕蘇興認爲，據亂不是一個詞，「據」解作根據；「亂」是指「亂世之史」。因此，康有爲把「據亂」解作據亂世是不正確的。「據亂世」站不住腳，「三世」之說也就難以成立。蘇興進而認爲，與「通三世」說相聯繫的「通三統」之說也存在被康有爲曲解的現象，他認爲，何休誤將「親周」解釋爲「新周」，蘇興注中說：「然以《春秋》當新王，不當更云新周。且上文云，親夏、故虞，下文又云，親赤統，親黑統，可證親字之是……成周宣謝災，傳云：『新周也』注：『孔子以春秋當新王，上黜杞，下新周而故宋。』何用董意，並作『新周』……邵公昧於董，兼盲於史，既動引此文以釋經傳，又因王魯造爲黜周之說。晉王接傳已言何休訓釋甚詳，而黜周王魯，大體乖眩，且志通公羊，往往還爲公羊疾病。而後人並以譏吾董子，則誤矣。至傳言新周，與此言親周，截然

〔註19〕康有爲：《春秋董氏學》，《康有爲全集》第二集，第 324 頁。
〔註20〕蘇興：《春秋繁露義證》，中華書局，1992 年，第 9～10 頁。
〔註21〕蘇興：《春秋繁露義證》，中華書局，1992 年，第 10 頁。

二義，孔廣森以新絳新鄭例傳是也，惡足以溷此文？陳澧乃謂公羊『新周』二字，自董生以來，將二千年，至戴軒乃得其解。此爲何注所誤，讀董子未明也。劉申受諸人所釋，則尤近詭誕矣。」〔註22〕

蘇輿認爲，何休曲解了「親周」的含義，使「三世說」與「改制」聯繫到了一起，而經過蘇輿的考證，他認爲二者之間並無本質聯繫：「輿謂絀夏、親周、故宋，猶今云絀宋、親明、故元。古者易代則改正，故有存三統三微之說，後世師《春秋》遺意，不忍先代之遽從絀滅，忠厚之至也。知此文之紀典禮，則諸傳會之說可廓然矣。」〔註23〕

這樣，蘇輿就否定了康有爲借助「三統」與「改制」相聯繫，利用「董氏學」論證孔子改制變法的理論基礎。

二、對「董氏學」和孔子改制關係的分歧

康有爲的《孔子改制考》和《春秋董氏學》之主要寫作目的，在於提倡孔子藉《春秋》以改制的思想，並以此論證變法的合法性和可行性。因此，康有爲首要的任務，就是論證《春秋》爲改制之書，是孔子專門爲「改制」所作。《春秋董氏學》說「故《春秋》專爲改制而作，然何邵公雖存此說，亦難徵信，幸有董子之說發明此義。」，「董子號稱醇儒，豈爲誕謾而發《春秋》作新王」，「若非口說傳授，董生安能大發之？出自董子亦可信矣。」〔註24〕因此，在康有爲看來，《春秋》一書最大的歷史功績，不在於其所記錄的歷史，而在於它把孔子「改定新王之制」保留下來，並遺傳後世：「孔子受命製作，以變衰周之弊，改定新王之制，以垂後世。空言無徵，故託之《春秋》。故《春秋》一書，專明改制。」〔註25〕

蘇輿通過對《春秋繁露》章句的分析、比較，認爲「《春秋》爲明義之書，非改制之書」〔註26〕《春秋》一書是否有改制之意，關鍵是對於「改定新王之制」的理解。蘇輿對「新王」的出處，《春秋繁露·玉杯》篇中的「是故孔子立新王之道」一句進行了剖析：「制可改者也，惟王者然後能改元立號，制禮作樂，非聖人所能託。道不變者也，周德既弊，而聖人得假王者以起義而

〔註22〕蘇輿：《春秋繁露義證》，中華書局，1992年，第189～190頁。
〔註23〕蘇輿：《春秋繁露義證》，中華書局，1992年，第191頁。
〔註24〕康有爲：《春秋董氏學》，《康有爲全集》第二集，365頁。
〔註25〕康有爲：《春秋董氏學》，《康有爲全集》第二集，365頁。
〔註26〕蘇輿：《春秋繁露義證》，中華書局，1992年，第113頁。

扶其失，俟來者之取鑒。故曰：『孔子立新王之道』，猶云：『爲後王立義』爾。」〔註27〕蘇輿又以鄭玄的《釋廢疾》作爲論證，「孔子雖有聖德，不敢顯然改先王之法。蓋制宜從周，義以救敝。制非王者不議，義則儒生可立。」〔註28〕可見，在蘇輿看來，王者才能改制，孔子非王，只能明義垂法，以待後來的明君採用。既然「新王」之說不能成立，那麼，康有為等人鼓吹孔子爲「素王」之論也難成立。蘇輿認爲「孔子自立素王之法耳，非敢自謂素王……說者造爲素王素臣之說，鄭氏《六藝論》又云：『孔子自號素王』謬矣。晉杜預《春秋左氏傳》序已斥之。是漢世儒者並以《春秋》爲一代之治，蓋後人尊孔以尊王之意，非孔子所敢自居也。」〔註29〕至於漢代儒者多自稱「孔子爲漢代立法」之說，蘇輿認爲也恐難成立：「夫春秋立義，俟諸後聖。後聖者，必在天子之位，有製作之權者也。漢之臣子尊《春秋》爲漢製作，猶之爲我朝臣子謂爲我朝製作云耳。蓋出自尊時之意，於經義無預也。後人不明其旨，而附會支離，自此起矣。」〔註30〕

公羊學者多以「王魯」說來論證董仲舒宣揚孔子「改制」之說。康有為《春秋董氏學》說孔子「借魯以行天下法度」，並以《詩經》爲佐證「《詩》有三《頌》，《周頌》、《魯頌》、《商頌》」「魯非王者，何得有《頌》哉？」。蘇輿認爲，董仲舒並沒有「尊魯爲王」而只是「緣魯以言王義」，他解釋說：「託魯王義，猶之論史者借往事以立義耳。聖人以明王之治，期於撥反，故義曰王義，心曰王心，化曰王化，言曰王言……如董所云，則《春秋》託魯言王義，未嘗尊魯爲王，黜周爲公侯也。何氏直云『王魯』，遂啓爭疑。」〔註31〕因此，孔子改制之說是不能成立的。蘇輿同時認爲，董仲舒倡言改制，主要是爲了漢武帝能夠接受他的「獨尊儒術」的主張，並非眞以《春秋》代新王改制，他認爲《春秋》者假設之詞」〔註32〕此外，蘇輿認爲所謂「《春秋》改制」一說，來自於漢代緯書，「惟《春秋緯》『作《春秋》以改亂政』自是遂有以改制屬孔子《春秋》者。」〔註33〕蘇輿在注釋中指出，「董氏學」中所

〔註27〕蘇輿：《春秋繁露義證》，中華書局，1992年，第28頁。
〔註28〕蘇輿：《春秋繁露義證》，中華書局，1992年，第113頁。
〔註29〕蘇輿：《春秋繁露義證》，中華書局，1992年，第29頁。
〔註30〕蘇輿：《春秋繁露義證》，中華書局，1992年，第29～30頁。
〔註31〕蘇輿：《春秋繁露義證》，中華書局，1992年，第279～280頁。
〔註32〕蘇輿：《春秋繁露義證》，中華書局，1992年，第187頁。
〔註33〕蘇輿：《春秋繁露義證》，中華書局，1992年，第16頁。

謂「改制」之意，容易爲後世所利用，以宣傳其不可告人之說，而這一點董仲舒自己也有所認識，他在《春秋繁露·楚莊王》篇中說：「自僻者得此以爲辭，曰：古苟可徇先王之道，何莫相因？」「世迷是聞，以疑正道而信邪言，甚可患也。」蘇輿在此下注釋說：「謂自僻者借王者改制爲詞，言古者苟可以循用先王之道，何莫並制度而因之……以改道爲邪言，董生之患深矣。後世猶有假其辭以致亂者。」〔註34〕蘇輿引述董仲舒之言的意圖，在於影射康有爲借宣傳「改制」以「蠱惑人心」，而實現其不可告人的目的。

三、關於「口說」的可信性

康有爲認爲，孔子的「微言大義」相當部分以「口說」的形式流傳下來，是考察孔子政治思想的重要依據，這些口說經過孔門後學傳授給董仲舒。故《春秋繁露》中蘊含了大量的孔子「口說」。康有爲通過對「董氏學」中孔子「口說」的發掘，以達到宣傳其改制變法主張的目的。《春秋董氏學》中有「董子爲《春秋》宗，所發新王改制之非常異義，及諸微言大義，皆出《經》文外，又出《公羊》外。」「皆七十子後學，師師相傳之口說也。」等語句，即爲明證。

蘇輿在注釋《春秋繁露》時，通過對其章句的分析，斷定康有爲所說的「口說」並無可信性。例如，他對《春秋繁露·玉英》篇「然則說《春秋》者，入則詭辭，隨其委曲而後得之」一句進行解釋，來說明：「《春秋》詭辭，門弟子當有口說傳授。秦漢之於《春秋》，若今日之於明季，年代未遠，源流相接。說之者尚可詭辭得其委曲，然亦不必其密合而無失也」〔註35〕在蘇輿看來，即便是相隔幾百年的時間，「口說」已無法完全眞實的反映歷史原貌，康有爲力圖以流傳過程複雜、有待考證注釋的《春秋繁露》來得到兩千多年前孔子的「口說」，實在是難以做到。既然「口說」失去了可信性，那麼託之於「口說」的「微言」，也就失去了眞實性。他在注釋《玉杯》篇「《春秋》之好微與？其貴志也。」一句時，做了以下解釋：「《春秋》之微有二旨：其一微言，如逐季氏言又雩，逄丑父宜誅、紀季可賢，及詭辭移詞類是也。此不見於經者，所謂七十子口授傳指也。其一則事別美惡之細，行防纖芥之萌，寓意微眇，使人湛思反道。比貫連類，以傳其意，所以治人也……近人好侈

〔註34〕蘇輿：《春秋繁露義證》，中華書局，1992年，第16～17頁。
〔註35〕蘇輿：《春秋繁露義證》，中華書局，1992年，第83頁。

微言，不知微言隨聖人而徂，非親灸傳授，未易有聞，故曰『仲尼沒而微言絕』……若夫三科九旨，則讀《春秋》之條例，毖緯圖讖，別爲一學，非聖人所謂「微言」。故吾以謂今日所宜講明者，唯有大義。」〔註36〕因此，他認爲康有爲所憑藉的「口說微言」實爲空中樓閣。

四、對「董氏學」中陰陽思想的不同解釋

在董仲舒的《春秋繁露》中，他借助陰陽學說來改造儒學，其突出的特徵是運用「陽尊陰卑」的思想來論證其「三綱五常」理論的合理性。康有爲的《春秋董氏學》和蘇輿的《春秋繁露義證》都涉及到了對於「董氏學」中陰陽學說的解說，但立場與觀點卻有較大的差異。

例如，他們在自己的著作中都引用了《春秋繁露·基義》中關於陰陽學說的論述：「凡物必有合。合，必有上，必有下，必有左，必有右，必有前，必有後，必有表，必有裏。有美必有惡，有順必有逆，有喜必有怒，有寒必有暑，有晝必有夜，此皆其合也。陰者陽之合，妻者夫之合，子者父之合，臣者君之合。物莫無合，而合各有陰陽。陽兼於陰，陰兼於陽，臣兼於君。君臣父子夫婦之義，皆與諸陰陽之道。君爲陽，臣爲陰。父爲陽，子爲陰。夫爲陽，妻爲陰。」〔註37〕

這一段關於陰陽學說的論述中，包含有兩方面意義，一方面是從哲學角度去闡釋陰陽存在的對立統一關係，是古代社會人們對於物質存在與發展形態的認識。另一方面，是將陰陽分別與君臣、父子、夫婦相對應，向政治和社會理論層面推衍。因此，董仲舒的陰陽學說中，既有從哲學角度的關於「物質存在與發展是對立統一」的正確認識，也有將其引伸到政治、倫理領域中產生的「陽尊陰卑」認識的歷史局限性。《春秋董氏學》和《春秋繁露義證》對董仲舒陰陽學說的解說並不相同。蘇輿在這段話後的按語是「陰陽不易者也，君臣、父子、夫婦之倫，亦不易者也。夷狄與中國，《春秋》之義則有因禮義爲進退焉。故董不以爲言。《韓非子·忠孝》篇：『臣之所聞曰：臣事君，子事父，妻事夫，三者順則天下治，三者逆則天下亂，此天下之常道也』亦以三者並舉，故知三綱之說其來已久。」〔註38〕可見，蘇輿在對於董仲舒陰

〔註36〕蘇輿：《春秋繁露義證》，中華書局，1992 年，第 38～39 頁。
〔註37〕董仲舒：《春秋繁露·基義》，《董仲舒集》，北京：學苑出版社，2003 年，第277 頁。
〔註38〕蘇輿：《春秋繁露義證》，中華書局，1992 年，第 350～351 頁。

陽學說的解釋中，更加注重其與政治、倫理相聯繫的「三綱」部分的解釋，以之作爲天下之「常道」，從中也可以看出蘇輿的政治思想取向。

康有爲在《春秋董氏學》中，也引述了《春秋繁露‧基義》中的這些內容，但其解釋的側重點與蘇輿有著很大不同。他在按語中說「若就一物而言，一必有兩。《易》云『太極生兩儀』。孔子原本天道，知物必有兩，故以陰陽括天下之物理，未有能出其外者……孔子窮極物理，以爲創教之本，故繫《易》立卦，不始太極，而始乾坤，陰陽之義也。」他還認爲，在世界其他地區的宗教中，也有這種「物必有兩」的陰陽觀念：「波斯古教之聖祚樂阿士對，亦以物物有陰陽，其與孔子暗合者乎？然聖人窮理之精，立教之本，可以見矣」〔註39〕從中可見，雖然是對同一段文字的解釋，康、蘇二人卻差異巨大。與蘇輿以陰陽學說闡述「三綱」思想不同，康有爲沒有將其與三綱思想結合起來，而是認爲陰陽學說最早起於孔子，是孔子創教的理論依據，康有爲的論述顯然是爲其論述孔子「改制、創教」來服務的。

《春秋繁露義證》是清代最後一部《春秋繁露》的注本，也是最後一部關於「董氏學」的研究著作。這部著作，除了注釋和整理古籍的目的外，還有著較明確的針對性，即針對清代今文學家特別是康有爲的「董氏學」研究而作。對比《春秋董氏學》和《春秋繁露義證》這兩部頗具代表性的「董氏學」的研究之著，可以看出因政治立場和學術立場的不同，晚清學者對於《春秋繁露》的不同的「經典」觀。

康有爲的《春秋董氏學》明顯的體現出其今文經學的治學特點，注重微言大義的闡發，而較少關注典籍中文字的訓詁、考據和注釋。他按照自己的意圖，將全書分成若干部分，每卷下又相應分爲多個「小標題」，將《春秋繁露》各篇內容拆散，各篇章句分別列於各小標題下，以爲該「題目」的佐證。所下的「按語」也從自己的政治目的和學術目的出發加以發揮和附會，而是否忠實於原典，並不是他要考慮的主要問題。蘇輿的《春秋繁露義證》則更多的體現出「漢學考據」的特色，其學術特徵首先體現在對典籍的文字解釋、校勘和對章句的考證與注釋。因此該書首先是一部《春秋繁露》的注釋本，由於蘇輿在文字解釋和典籍校勘方面的學術功底，以及他能夠廣泛吸收前人對《春秋繁露》校勘的成果，使得《春秋繁露義證》在清代《春秋繁露》各

〔註39〕康有爲：《春秋董氏學》，《康有爲全集》第二集，北京：中國人民大學出版社，2007 年，第 374 頁。

注釋本中是質量較好的一部。而在涉及到對經典的解釋和議論的時候，蘇輿並不完全出自己說，而是以大量的徵引其他文獻作爲證據，來論證自己的觀點，這就使得論證似乎更具說服力和可信性。不過，從另一方面來說，《春秋董氏學》更具有思想的創新性和創造力，而《春秋繁露義證》卻較少思想新意。

第三節　劉師培與康有爲「董氏學」研究之比較

　　晚清古文經學者對「董氏學」的研究，其表現之一是利用其考據特長，注釋和校補《春秋繁露》，這種校勘和補正典籍的工作，是在清中期學者盧文弨《校定春秋繁露》和凌曙《春秋繁露注》的基礎上進一步的補充和完善，對於《春秋繁露》的保存和研究，有積極意義。但由於他們古文經學者的身份，研究大多是校勘文字、補正脫字、漏字，糾正衍字，於義理較少發揮。其中比較著名的注本有俞樾的《諸子評議·春秋繁露》、孫詒讓的《札迻·春秋繁露》、蘇輿的《春秋繁露義證》、劉師培的《春秋繁露斠補》等。除了《春秋繁露義證》是對《春秋繁露》的全文注疏和解釋外，其他三部只是對全書的部分章句進行校勘和考證。相比較而言，劉師培在古文經學者中，較爲重視從思想層面上闡發董仲舒的思想。劉師培寫於 1905～1906 年間〔註40〕的《兩漢學術發微論》對「董氏學」的論述，也可看出其基本的思想傾向和學術傾向。作爲具有古文經學背景的劉師培，其「董氏學」研究與康有爲的「董氏學」研究相比較，在「董氏學」的一些重要命題上很值得作以比較分析。

一、關於董氏「微言大義」的歷史作用

　　與康有爲相同，劉師培首先充分肯定了董仲舒在漢代思想和學術上的重要地位。「自漢武採仲舒之言，用田蚡之說，尊崇六經，表揚儒術，仲舒《對賢良策》云：『春秋大一統者，天地之常經，古今之通誼。今師異道，人異論，百家殊方，上無以持一統，下不知所守。臣愚以爲，諸不在六藝之科者，皆絕其道，勿使並進。』《史記·魏其侯列傳》謂竇嬰、田蚡俱好儒術，欲設明堂以致太平。而《儒林傳》亦言田蚡爲丞相，絀黃老刑名百家之言，延文學

〔註40〕 李帆：《劉師培學譜簡編》，《劉師培與中西學術》，北京：北京師範大學出版社，2003 年，第 220 頁。

儒者數百人。是儒學統一，乃董、田二人之謀也。」〔註 41〕在董仲舒等人的努力下，儒學在漢武帝時期得到了史無前例的尊崇，重要的表現在於學習儒學成爲入仕的門檻和標準：「而學士大夫悉奉六經爲圭臬。卑者恃以進身」〔註 42〕。劉師培引述了《漢書》對於儒學自武帝以來發展繁榮景象的記載「自武帝立五經博士，開弟子員設科射策，勸以官祿，訖於元始，百有餘年，傳業者浸盛，支葉蕃滋，一經說至百餘萬言，大師衆至千餘人，蓋祿利之路然也。」〔註 43〕從中也可以看出，劉師培與康有爲對於漢代今文經學興起的原因和評價是不同的。康有爲認爲這是經學發展的必然趨勢，而劉師培則認爲這是與當時「祿利之路」密切結合的。

關於漢代儒家學者的治學，劉師培認爲可以分爲三種情況：「漢人經術約分三端：或窮訓詁，或究典章，或宣大義微言。而宣究大義微言者，或通經致用。如平當以《禹貢》治河，仲舒以《春秋》決獄，王式以《詩》三百篇當諫書是。」〔註 44〕從中可以看出，劉師培將董仲舒學說中的「微言大義」當作漢代通經致用的一個典型，是將學術與政治融爲一體的具體實踐，因此認爲，漢代儒生以經學說政治之風盛行，其學術與政治密切相關，應加以仔細分析：「蓋漢人說經，迷於信古，一若六經所記載，即爲公理之所存。故援引經義，折衷是非。且當此之時，儒術統一，欲抒一己欲言，亦必飾經文之詞，以寄引古匡今之意。故兩漢鴻儒，思想學術悉寓於經說之中，而精理粹言，間有可採，惜後儒未能引伸耳。此《兩漢學術發微論》所由作也。」〔註 45〕由此可見，劉師培寫作《兩漢學術發微論》的目的在於分析漢代經學中思想與學術之見的密切聯繫，考察漢儒與經學中所體現出的，而卻爲後世所忽視的「微言大義」。

不過，劉師培和康有爲重視董仲舒的「微言大義」的角度和目的並不相同。康有爲注重和發掘董仲舒思想中的「微言大義」，是爲了突出董仲舒在傳承孔子改制思想中的重要地位，是爲了說明董仲舒獨得孔子思想之眞諦：「孔子微言大義，至董子始敢發揮。漢時孔學一統，人皆知尊之故也。王充謂，

〔註 41〕劉師培：《兩漢學術發微論‧總序》，《中國中古文學史講義》，北京：中國人民大學出版社，2004 年，第 225 頁。
〔註 42〕劉師培：《兩漢學術發微論‧總序》，《中國中古文學史講義》，第 225 頁。
〔註 43〕劉師培：《兩漢學術發微論‧總序》，《中國中古文學史講義》，第 225 頁。
〔註 44〕劉師培：《兩漢學術發微論‧總序》，《中國中古文學史講義》，第 225 頁。
〔註 45〕劉師培：《兩漢學術發微論‧總序》，《中國中古文學史講義》，第 225 頁。

孔子之文，傳在仲舒，非常大意。」〔註46〕又如他在《春秋董氏學》中所論述的「自元氣陰陽之本，天人性命之故，三統三綱之義，仁義中和之德，治化養生之法，皆窮極元始，探本混茫。孔子製作之本源次第，藉是可窺見之。」〔註47〕從目的上說，康有爲是要借助董仲舒的「微言大義」來闡述其變法改制的思想，具有明確的政治目的，並進而以當代孔子和當代董仲舒的身份自居來闡述自己的政治主張。而劉師培對於董仲舒「微言大義」的重視，更主要的是出於學術研究的角度，來考察漢儒研究經學的功用情況。

二、對「董氏學」中「君」、「民」關係的看法

一般認爲，以董仲舒爲代表的西漢儒家，倡「尊王」之說，雖然也強調「民」的重要性和君主要「因民而治」，但以肯定君主獨尊爲前提。董仲舒更是以天人感應學說來論述君權神授的合理性。而劉師培從政治目的出發，對漢儒論「君臣關係」和「君民關係」做出了自己的別樣解釋。他認爲，漢儒對經典的解釋，體現了「尊民抑君」的意圖，「兩漢政治善於暴秦，而劣於三代。故漢儒說經往往假經義以言政治。試推其立說之大綱，大約以人民爲國家主體。」〔註48〕爲了證明漢代儒家「民爲主體」，他從漢代經學典籍中找到了不少的例證：「故毛公有言：『國有民得其力。』劉向有言：『無民則無國。』而鄭君《周禮》注曰：『古今未有遺民而可以爲治者。』既以人民爲國家主體，故以人君之立，出於人民。」〔註49〕劉師培在闡述這一觀點時，不僅引用漢代古文經的典籍，也利用今文經學家的言論，如他大量引用了董仲舒對於君民關係的論述：「董子之言曰：『王者民之所往，君者不失其群者也。故能使天下往之，而得天下之群者，無敵於天下。』《白虎通》亦有言：『王者，往也。言天下所歸往。君者，群也。群下之所歸心。』案：訓王爲往，訓君爲群，皆六書諧聲之義。而《爾雅》又訓林烝爲君。林烝之義與衆字之義同，足證古代之君乃人民所共立，先有民而後有君，非先有君而後有民也。故《繁露·深察名號篇》，亦訓王爲往，訓君爲群。是古代立君必出於多數人民之意向，君由民立。君主者，國家之客體也。故董子又有

〔註46〕康有爲：《萬木草堂口說·春秋繁露》，《康有爲全集》第二集，第188頁。
〔註47〕康有爲：《春秋董氏學》，《康有爲全集》第二集，第372頁。
〔註48〕劉師培：《兩漢政治學發微論》，《中國中古文學史講義》，第226頁。
〔註49〕劉師培：《兩漢政治學發微論》，《中國中古文學史講義》，第226頁。

言：『天之生民，非爲王也。天之立王，以爲民也。』又曰：『五帝三王治天下，不敢有君臣之心。』」〔註50〕劉師培以漢代文獻中的語言來解說「民爲主體」的觀點，無法迴避的一個事實是，漢代君主專制不是弱化，而是在儒家思想的作用下得到了加強。漢武帝的大一統和加強中央集權的措施，正是君權得以加強的明例。因此，劉師培轉而又解釋道：「特漢儒雖知君位世襲之非，然以君主爲一國之元首，故謂一國之政權皆當操於君主。觀董子訓君爲原，『原也者，即言一國之政由君而出也。』復訓君爲權，『權也者，以君主操有一國之權也。』又毛公《詩傳》曰：『王者天下之大宗。』何休《公羊解詁》亦曰：『政不由王出，不得爲政。』《隱元年解詁》。政由君出，故君主即有表率一國國民之責任。」〔註51〕

在劉師培看來，漢儒之「尊君權」是有條件的，君主必須要履行自己的職責，作天下的表率：「『觀董子之言天子責任也，謂「當正朝廷，以正百官」。劉向《說苑》亦曰：『本不正者末必倚，有正君者無危國。』何休《公羊解詁》亦曰：『王者當以至信先天下。』即毛公《詩傳》亦有言：『上爲亂政而求下之治，終不可得。』則所謂表率國民者，非徒託居高臨下之空名也。夫亦曰：『爲民理事耳。』爲民理事，即君民一體之意也。趙氏《孟子章句》曰：『王道先得民心。』鄭君《周禮注》亦曰：『爲政以順民爲本。』又曰：『使民之心曉而正鄉王。』即《毛詩箋》亦曰：『人君之德當均一於下。』非君民一體之證哉！」〔註52〕劉師培由此推導出來，漢儒尊君是有限的，其政治目的不是要建立絕對的君主專制，而是要使得君主成爲「爲民理事」之人，君與民的關係不是上下對立關係，而是「君民一體」關係。這種所謂的「君民一體」，其具體表現是：「夫所謂君民一體者，一曰勤民事，二曰達民情，三曰寬民力。董子之言曰：『加憂於天下之憂。』何氏《公羊解詁》曰：『動而無益於民者，雖樂弗爲也。』趙氏《孟子章句》曰：『與天下之同憂者不爲慢遊之樂。』又曰：『君臣各勤其任，無墮其職，乃安其身。』」〔註53〕

既然君主是在「君民一體」的條件下執政，對於君主的道德要求，劉師培也從漢儒的論述中考證出來：至人君所行之德，一曰誠信，二曰公平。關

〔註50〕劉師培：《兩漢政治學發微論》，《中國中古文學史講義》，第226～227頁。
〔註51〕劉師培：《兩漢政治學發微論》，《中國中古文學史講義》，第227頁。
〔註52〕劉師培：《兩漢政治學發微論》，《中國中古文學史講義》，第227頁。
〔註53〕劉師培：《兩漢政治學發微論》，《中國中古文學史講義》，第227～228頁。

於誠信：「鄭君《毛詩箋》曰：『王道尙信。』又曰：『王德之道成於信。』」
關於「公平」，劉師培引劉向《說苑》加以解釋：「執民柄者不在一族，蓋存
心至公，則行政不流於偏倚。然所謂至公者，即言君主不敢有自專之心也。
惟君主不敢有自專之心，故公天下於臣民。董子之言曰：『聖人積衆賢以自強。
其所以強者。非一賢之德也。是以建治之術，貴得賢而同心。』」〔註54〕

　　與規範「君權」和「君德」相對應的，劉師培還引述漢儒言論，來說明
「申臣權」、「申民權」之必要：「鄭君《毛詩箋》曰：『王當屈體以待賢者。』
又曰：『君子下其臣，故賢者歸往。』趙氏《孟子章指》亦曰：『大聖之君，
由採善於人，故計及下者無遺策，舉及衆者無廢功。』此言臣權之當伸也。
何氏《公羊解詁》曰：『聽訟必師斷與其師衆共之。』鄭君《禮記注》曰：『爲
政當以己心參群臣及萬民，然後可施。』此言民權之當伸也。臣民之權既伸，
斯臣民與君一體。」〔註55〕

　　劉師培認爲，漢儒的論述中，可以發掘出有「伸臣權」、「伸民權」而達
到「君與臣民一體」的效果，而這種效果，客觀上必然是對君權的抑制和制
約。除了闡述「君民一體」以制約君權外，劉師培認爲，還要制定相應的規
則和制度去制約君權：「夫臣民與君一體，而君主獨握主權者，則以君主當循
一定之法，不得與法律相違……趙氏《孟子章句》亦曰：『爲天理民，王法不
曲。』此既依法治國之意也。故君臣上下同受制於法律之中。君主雖有秉法
之權，亦未能越法律之範圍。此古人限制君權之良法也。鄭君戒人君之『妄
動』，何氏戒君主之『崇奢』，董子戒天子『作威作福』。亦漢儒限制君權之一
端。若君主放僻自肆，則爲漢儒所不與。」〔註56〕劉師培引用董仲舒等兩漢
學者限制君權的言論加以論證：「董子《春秋繁露》曰：『不愛民之事乃至於
死亡』，又曰：『君受亂之始動盜之本而欲民之靜不可得也。』劉向《說苑》
曰『夫爲人君，行其私欲而不顧其人，是不承天意，忘其意之所有事也，如
是者《春秋》不與。』是漢儒於獨夫民賊未嘗不明著其罪也。特於賢君令闢
又未嘗不表而章之耳。此西漢、東漢大儒論政治之思想也。」〔註57〕

　　在劉師培看來，以董仲舒、劉向、鄭玄爲代表的漢代儒生，有著嚴格限

〔註54〕劉師培：《兩漢政治學發微論》，《中國中古文學史講義》，第 228 頁。
〔註55〕劉師培：《兩漢政治學發微論》，《中國中古文學史講義》，第 228～229 頁。
〔註56〕劉師培：《兩漢政治學發微論》，《中國中古文學史講義》，第 229 頁。
〔註57〕劉師培：《兩漢政治學發微論》，《中國中古文學史講義》，第 229 頁。

制君權的思想，這種思想與近代民主思想有著可以契合之處，如他認爲「漢儒論政，首在愛民。董子《竹林篇》云：『秦穆惡蹇叔而傷敗，鄭文輕眾而喪師，《春秋》之敬賢重民如此。』非若後世倡尊君抑臣之說也。惟《白虎通》等書倡三綱之說，後儒據之，而名分尊卑之說，遂一定而不可復易矣。特漢儒處專制之朝，欲申民權之公理，不得不稱天以制君。董子之言曰：『《春秋》之法，以人隨君，以君隨天。故屈君以伸天。』又曰：『以天之端正王之政。』又曰：「時編於君，君編於天，天之所棄，天下弗祐。』夫所謂以天統君也，即言君心之當有所憚也。君心有所憚，斯不至以殘虐加民。凡漢儒之言災異者，大抵皆明於此意耳。此兩漢之時，所由無殘虐之君而人民有殷富之樂也。謂非漢儒之功與！」〔註58〕劉師培將董仲舒等儒家代表人物思想中的「愛民」、「重民」等思想引伸爲「尊民抑君」，顯然是用近代尺度去看待、衡量和解釋這些觀點。

　　與劉師培對董仲舒關於「君臣關係」、「君民關係」的解釋不同，康有爲並不認爲董仲舒有「尊民抑君」的思想。他在《春秋董氏學·微言大義》卷中專門列有「君臣」一條目。他引述《春秋繁露·離合根》中關於君臣的論述「故爲人主者，法天之行。是故內深藏，所以爲神……爲人臣者法地之道，暴其形，出其情，以示人……爲人臣者比地，貴信而悉見其情於主，主亦得而財之，故王道威而不失。」〔註59〕在隨後的按語中，康有爲解釋到「君臣之道，法於天地。凡孔子一切創法立制之本皆是，則是天道，非孔子道矣」此後，康有爲又大量的引述了《春秋繁露》中《天地之行》、《陽尊陰卑》、《保權位》、《奉本》、《立元神》等篇的相關內容，而大多論述的是「親聖近賢」等爲君之道，而並無「尊民抑君」的近代民主思想。從康有爲在「董氏學」中對君民關係的論述可以看出，至少在他寫作《春秋董氏學》時期，他並不熱衷於西方的民主制度，也並不完全反對君主專制政體。顯然，這時他的注意力在於如何通過經學理論構建其政治學說，並以此來參與到政治實踐中，通過「改制」與「變法」實現國家富強。

三、關於「夷夏之辨」、「種族之分」的分歧

　　以「種族之說而倡革命」是辛亥革命前劉師培思想中的重要內容。而「春

〔註58〕劉師培：《兩漢學術發微論·總序》，《中國中古文學史講義》，第229頁。
〔註59〕康有爲：《春秋董氏學》，《康有爲全集》第二集，第401頁。

秋學」中所具有的「夷狄之辨」思想，成爲劉師培倡種姓之學的重要素材。在《兩漢種族發微論》中，他借助漢儒對於「華夷之辨」的論述，闡述了他的「以種姓激發革命」的思想。他首先回顧了漢代中央政府經略邊疆、安定四夷的歷史功績：「粵在西漢，武功卓越。征匈奴則地拓河西，滅朝鮮則師臨壩水。閩越南越，掃穴犁庭。車師康居，輸珍納貢。夜郎自大，亦知納土。先零不庭，詎敢稱兵。及於東漢疆土益恢，刻石燕然，飮馬長城。北虜稱臣，東胡保塞，襃牢置郡，交趾戢兵。」〔註60〕在劉師培看來，漢代之所以在維護華夏尊嚴、經略邊疆上取得如此輝煌的成就，除了國力強盛外，漢儒的伸別內外之分，辨華夷之別，實爲重要原因：「振大漢之天聲，伸攘狄之大義，雖曰兵力盛強之故，然一二巨儒，抱殘守缺，亦復辨別內外，區析華戎。明於非種必鋤之義，使赤縣人民咸知國恥。故奮發興起，掃蕩胡塵以立開邊之大功。則諸儒內夏外夷之言，豈可沒與！」劉師培認爲，明華夷之辨，是國家的立國之本，是歷代儒家學者所共同尊奉的不變法則：「三代之人，無人不明種族之義。蓋邦國既立，必有立國之本。中國之國本何在乎？則華夷二字而已。上迄三代，下迄近今，華夷二字，深中民心，如『裔不謀夏，夷不亂華』言於孔子，『非我族類，其心必異』言於季文子，『戎狄豺狼，不可厭也』言於管夷吾。故內夏外夷，遂爲中國立國之基。漢儒之言，亦即此意。日本倡攘夷之說，始知排外。中國倡攘夷之說，始知開邊。」〔註61〕

　　劉師培爲了證明漢儒「倡華夷之說」確有其說，從漢儒所著之典籍當中找到了很多「例證」，如兩漢學者所注釋之各種版本的《易經》、《詩經》、《尚書》、《禮記》、《論語》、《孝經》，漢代學者所著的《淮南子》、《白虎通》、《史記》、《漢書》等，以及文字訓詁類書籍《說文解字》、《廣雅》等對字音、字義、詞義等的訓詁考證中梳理出大量可以「佐證」其觀點的言論和內容。而在先秦和兩漢的文獻中，宣揚「夷夏之辨」最爲著名的，是《春秋》及其《公羊傳》。劉師培認爲它們體現了華夷之辨的基本思想，「惟《公羊》大義，朗若星日。」於漢代能夠傳承這種思想，並光大之的學者，當爲董仲舒：「董子《繁露》，翼輔《麟經》，於晉伐鮮虞，則譏晉人之同狄。於晉敗於邲，權許楚子之稱賢。又謂《春秋》常辭，不予夷狄。則華夷大防，董子曷嘗決其藩哉！」〔註62〕而東漢的今文經學大師何休，對於華夷之防，也十分重視「邵

〔註60〕劉師培：《兩漢種族發微論》，《中國中古文學史講義》，第231頁。
〔註61〕劉師培：《兩漢種族發微論》，《中國中古文學史講義》，第231頁。
〔註62〕劉師培：《兩漢種族發微論》，《中國中古文學史講義》，第234頁。

公《解詁》，於內外之別詮釋詳明，而戎伐凡伯，排斥尤嚴。以中國爲禮義之國，君子不使無禮義制治有禮義。則文物之邦，豈可屈從於蠻貉乎！推之貶邾婁爲夷狄，美魯莊之追戎。於吳會黃池，則嫉諸夏之事夷。於荊敗蔡師，則憤華夷之入伐。馭外之心，至深且密……進黜之義。固百世不可易也。其所以稍進夷狄者，則以中國亦新夷狄耳。豈可據不殊其類之文，遂謂許夷狄者不一而足哉！」〔註63〕劉師培認爲「華夷之辨」是百世不易之理，而近代公羊學者以三世說和大同論爲基礎，有抹殺「華夷之辨」的現象，劉師培給予了駁斥：「近儒仁和龔自珍謂太平世則內外遠近若一，深斥華夷之界。而劉申受則謂夷狄有禮義，即與中國無殊。不知夷狄之族與中國殊，百世不可易也。試再徵之於《禮・王制》一篇，多漢儒所輯，謂中國戎夷，民各有性，不可推移。以明種族之殊，定於生初。即非我族類，其心必異之謂也。」〔註64〕由此可見劉師培與今文學派在「華夷之辨」上的分歧。

　　從以上分析可見，近代政治對學術思想的影響之深。以「華夷之辨」或「夷夏之辨」爲例，康有爲對「春秋學」中的「華夷之辨」是盡量彌合「華夷之別」，其劃分的標準，不是劉師培的種族論，也不認爲種族之別是「百世不易」的，在康有爲看來，區分的標準是文明進化的程度：「夷夏之分，即文明野蠻之別。《春秋》之義，夷狄而行中國之道，則中國之，其許楚莊入鄭是也；中國而爲夷狄之行，則夷狄之，衛伐凡伯、晉伐鮮虞是也。惟德是輔，故董子曰：『中國、夷狄無恒，隨變而移』由文明而野蠻，下喬木而入幽谷也；由野蠻而文明，出幽谷而遷喬木也。滕文公行仁政，而各國志士負耒受廛，可知民心之歸仁。今歐洲各國之人，多遷於美國，德英欲極禁之而不可得，亦可見滕文公得民之盛矣。」〔註65〕

　　同時，康有爲認爲，「夷狄之辨」的理論是隨著時代之發展而不斷髮展變化的，他以「三世」說來論證三世中「夷狄觀」的不同：「王，往也。天下所歸往之謂王，如孔子也。孔子世，爲天下所歸往者，有三重之道焉。重，復也，如《易》卦之重也。《繁露・三代改制》曰：故王者有不易者，有再而復者，有三而復者，有四而復者，有九而復者。此通天地、陰陽、四時、日月、星辰、山川、人倫，皆有三重之制也。三重者，三世之統也。有撥亂世，有

〔註63〕劉師培：《兩漢種族發微論》，《中國中古文學史講義》，第 235 頁。
〔註64〕劉師培：《兩漢種族發微論》，《中國中古文學史講義》，第 235～236 頁。
〔註65〕康有爲：《孟子微》，《康有爲全集》第五集，第 496 頁。

昇平世，有太平世。撥亂世，內其國而外諸夏。昇平世，內諸夏而外夷狄。太平世，內外遠近大小若一。」〔註66〕

劉師培一生思想多變，早年曾投身反清革命，和章太炎等人一起以「種族學說「宣傳「排滿革命」。這種「種族學說」藉重於劉師培深厚的傳統學術功底，以上借助漢儒之口所作的議論，可爲例證。劉師培的這種思想，既有在近代西方列強入侵不斷加劇，中國面臨民族危機之時，在政治上喚醒民眾，激發「民族主義」，在學術文化上以此弘揚中國固有之傳統文化，以保存「國粹」。但落實到具體層面上，還是將重點放在以「種姓之說」發動「排滿革命」，以實現「漢族光復」。這在當時劉師培的政治活動中也有體現，如他1904年2月寫給湖北巡撫端方的信中，直言其「種族之別」主張：「孔子有言，夷不亂華。而華夷之防，百世垂爲定則，想亦爾之所悉聞也。自滿洲肇亂，中原陸沉；衣冠化爲塗炭，群邑蕩爲邱墟……廣漢幼治《春秋》，即嚴夷夏之辨……竊年天下興亡，匹夫有責；《春秋》大義，九世復仇。」〔註67〕當然，後來劉師培投靠端方，在政治立場上發生了變化，其「種族之論」也發生了相應變化，在此不贅述。

與這一時期劉師培在「華夷之辨」問題上的態度不同，康有爲對於「種族問題」自其早年就看的比較「開明」，對於西方諸國，康有爲主張本著實事求是的態度來看待西方文化：早在光緒五年（1879年），康有爲就因「得《西國近事彙編》、《環遊地球新錄》及西書數種覽之。薄遊香港，覽西人宮室之瑰麗、道路之整潔、巡捕之嚴密，乃始知西人治國有法度，不得以古舊之夷狄視之。乃復閱《海國圖志》、《瀛環志略》等書，購地球圖，漸收西學之書，爲講西學之基矣。」可見，康有爲對西方文化並不排斥。而關於國內的民族之別，他與劉師培的「夷狄」觀也有著顯著的區別。在《春秋董氏學·微言大義下》中專門有「夷狄」一條，其中有署名康有爲子弟徐勤的按語十七條，可以體現康有爲「董氏學」中關於「夷狄觀」的基本看法。例如文中引述了《春秋繁露·楚莊王》中「晉伐鮮虞」的事例後，所加的按語中指出了關於「夷夏」標準的劃分：「《春秋》之義，尊禮、重信，故能守乎禮信則進之，違乎禮、信則黜之，其名號本無定也。晉伐鮮虞與此相背，故擬諸夷狄」〔註

〔註66〕康有爲：《中庸注》，《康有爲全集》第五集，第387頁。
〔註67〕萬仕國編著：《劉師培年譜》，揚州：廣陵書社，2003年，第45～46頁。
〔註68〕康有爲：《春秋董氏學》，《康有爲全集》第二集，第414頁。

68〕在康有為看來，依據董仲舒的思想，區分「夷夏」的標準在於是否遵守「禮、信」，其標準是文化標準，而非種族標準。在這一標準下，背信棄義的晉國雖為華夏，但已墮落為「夷狄」。而對於後世人們所宣揚的「夷夏之防」的思想，康有為認為這其實是後人的曲解，是未能真正理解《春秋》夷夏觀的表現：「《春秋》無通辭之義，公、穀二傳未有明文，惟董子發明之。後儒孫明復、胡安國之流不知此義，以為《春秋》之旨最嚴華夷之限，於是尊己則曰神明之俗，薄人則曰禽獸之類……背《春秋》之義以自隘其道，孔教之不廣，生民之塗炭，豈非諸儒之罪耶！」〔註69〕在康有為師徒看來，局限於嚴防華夷之限，是不解孔子思想大義的表現。這種夷夏觀也影響到了康有為對於清政府的態度，對於滿清統治者，他並無排斥之意，只要清朝統治者能夠按照他的主張改制變法，他主張維持清朝的統治。

　　晚清時期，「董氏學」被不同學術背景的學者所關注，其中既有學術上的原因，也有政治上的原因。這種關注體現在對《春秋繁露》的注釋與研究不斷取得一些新成果。具有不同學術背景的學者，對於「董氏學」的評價顯示出差異性，這種差異性不僅表現在對於董仲舒及《春秋繁露》的歷史地位與作用的不同評價，也體現在由此而引起的對於儒學發展史上重要人物孔子、孟子、荀子、朱熹等人的不同解釋和評價。而圍繞「董氏學」中「改制論」、「三世說」、「夷夏觀」等重要命題，其他學者對於康有為的「董氏學」提出了不同觀點。這種學術上的分歧，有的是學術上你來我往的論爭，如康有為與朱一新的論學，主要是學術觀點的交鋒，並無政治因素的影響；有的則是出於政治上的非難與批判，如《翼教叢編》中文悌、王仁俊、葉德輝等人對康有為師徒的抨擊，雖也有學術上的分歧，但主要卻是由於政治立場的不同；還有的是既有政治原因的滲入，也有學術觀點的批駁，如蘇輿針對《春秋董氏學》所寫的《春秋繁露義證》；此外還有雖未有直接的論爭，卻反映出不同政治取向和學術背景的學者，對於「董氏學」的不同解讀，如劉師培20世紀初關於「董氏學」的研究與康有為戊戌前的「董氏學」相比，可以看出他們的思想和學術差異。這些學者關於「董氏學」分歧的複雜性，在一定程度上也體現了晚清時期學術論爭的時代特色以及學術與政治之間的互動關係。

〔註69〕康有為：《春秋董氏學》，《康有為全集》第二集，第414頁。

結 語

　　隨著清代中葉之後社會環境的變化以及今文經學的復興，學者們對於「董氏學」日益關注，關於「董氏學」的研究在晚清逐漸興起，而以康有爲的「董氏學」研究最具影響力。然而，由於時代環境的不同，對於董仲舒思想的認識和研究比之漢代董仲舒思想本身有了很大差異。在不同學術背景的學者對於「董氏學」的詮釋當中，又體現了近代學術的多元化發展趨向。晚清時期，今文經學在社會上的傳播和影響力達到了其自東漢以來的頂點，但它的復興是在儒學從總體上走向衰落的大背景下進行的，從結果上看，今文經學的復興沒有，也不可能改變儒學走向衰落的發展趨勢。因此，從學術環境來看，「董氏學」的學術地位和影響力也都無法與處於鼎盛時期的西漢相比。然而，清代中期「董氏學」的復興是在傳統社會走向衰落，內憂外患日復一日加重的情況下，爲了從傳統儒學中尋求可以擺脫社會危機的道路和方法。此外，儒學還面臨著日益湧入的西學的巨大衝擊。這些，也都給晚清「董氏學」的發展和康有爲「董氏學」的研究帶來了一些時代特點：

　　一、致用性。晚清「董氏學」的復興，正值傳統社會危機日甚一日之時，學術的「經世致用」要求在社會上「呼之欲出」，今文經學者更是高揚「通經致用」的旗幟，以張大其學術影響，魏源的一段話很好的概括了晚清「通經致用」的趨向：「士之能九年通經者，以淑其身，以形爲事業，則能以《周易》決疑，以《洪範》占變，以《春秋》斷事，以《禮》、《樂》服制興教化，以《周官》致太平，以《禹貢》行河，以《三百五篇》當諫書，以出使專對，謂之以經術爲治術。曾有以通經致用爲詬厲者乎？」[註1] 但由於時代環境和

〔註1〕 魏源：《默觚上・學篇九》，《魏源集》上冊，北京，中華書局，1976 年，第
　　　24 頁。

社會性質的巨大變化，與處於傳統社會上昇和鼎盛時期的漢代相比，儒學「經世致用」在「數千年未有之變局」的近代所要面對的社會環境、要解決的現實問題，都要複雜和嚴峻的多。也正是在這樣一種形勢下，常州學派對於漢代今文經學的發掘，表現出一種「由考據而義理」的學術發展特徵，經歷了由開始關注何休的公羊學著述，到後來日益關注與政治結合更加緊密的董仲舒思想的過程。而常州學派的後續龔自珍和魏源，則將莊存與、劉逢祿等側重學理探討的「董氏學」研究，轉變爲側重從「董氏學」研究中發展出社會變革理論。而到了康有爲那裡，由於時代的需要及其自身的學術背景，「董氏學」的研究出發點和研究目的，則完全是爲其所主張的政治實踐和社會變革提供理論依據了。

同時，由於西學的進入，又給傳統的「經世」思想注入了新的內容和時代特徵。鴉片戰爭後，這種趨勢明顯的體現出來，如梁啓超所說：「鴉片戰爭以後，志士扼腕切齒，引爲大辱奇戚，思所以自湔拔，經世致用觀念之復活，炎炎不可抑。又海禁既開，所謂西學者逐漸輸入，始則工藝，次則政制……於是對外求索之欲日熾，對內厭棄之情日烈。欲破壁以自拔於此黑暗，不得不先對於舊政治而試奮鬥。於是以其極幼稚之『西學』智識，與清初啓蒙期所謂『經世之學』者相結合，別樹一派，向於正統派公然舉叛旗矣。」〔註2〕梁啓超所說的「不得不先對於舊政治而試奮鬥。」以其極幼稚之『西學』智識，與經世致用精神相結合現象，在康有爲運用「董氏學」來比附西學，並以此創作「致用」的政治理論方面，確有表現。例如他在《春秋董氏學》中，以古代的政治詞彙和近代西方的「民主」概念相聯繫，就是一個很好的例證。康有爲先引述了《春秋繁露‧三代改制》篇中關於「九皇五帝」的敘述：「故聖王生，則稱天子，崩遷，則存爲三王，絀滅，則爲五帝，下至附庸，絀爲九皇，下極其爲民」，「是故周人之王，尚推神農爲九皇，而改號軒轅謂之黃帝，因存帝顓頊、帝嚳、帝堯之帝號，絀虞而號舜曰帝舜，錄五帝以小國。」〔註3〕康有爲將帝、王、皇等古代君子的稱號，與「民主」，及西方政治中的各種政治概念結合起來，將中西政治制度加以附會：「民與王、帝、皇並稱，則所謂民者，「民主」之謂。民主有總統、總裁、議長、總理之異，故不稱民

〔註2〕梁啓超：《清代學術概論》，《梁啓超論清學史二種》，上海：復旦大學出版社，1985年，第59頁。
〔註3〕康有爲：《春秋董氏學》，《康有爲全集》第二集，第371頁。

主，但稱爲民。然上貫聖王，蓋其權位固王也。孔子稱民，蓋欲知民主，且下極於六十四種之變，直燭照至今，非大聖至公遠識，安能及此？今賴董子粗存其一二，猶得窺宗廟之美耳。」〔註4〕康有爲認爲，通過「董氏學」可以找到中國傳統政治文化中與近代西方政治思想相契合之處。此外，如前所述，劉師培以「董氏學」來闡述西方近代民主思想和民族主義，也是這種中西文化比附的表現。這種比附，以今天的眼光看來，對中西方文化的認識存在很大的局限性，但這卻是近代社會的特定環境和條件下，學人對於中西方思想與學術關係的初步探索。

二、融彙性。漢代的董仲舒思想是在吸收了諸子百家思想的基礎上「融彙」而成，從董仲舒思想中，可以明顯的看出他對先秦時期陰陽家、道家、法家、墨家、名家等思想以及漢初黃老之術的吸收和採納。例如《春秋繁露·五行相生》篇中，「天地之氣，合而爲一，分爲陰陽，制爲四時，列爲五行。」，是對先秦陰陽家和道家思想的吸收。《春秋繁露》中的「名辭論」和「辭旨論」明顯的受到先秦名家「名辯」思想的影響。董仲舒的思想也明顯受到了先秦墨家思想的影響，如墨家主張「明鬼」，董仲舒關於「鬼神」的論述中有「知天命鬼神」，以及「正直者得福，不正直者不得福」之說。董仲舒認爲，作爲統治者，要正確的對待鬼神觀念，「聖人之於鬼神也，畏之而不敢欺也，信之而不獨任，事之而不專恃。」〔註5〕董仲舒融彙了諸子之學的新儒學，並形成了一個更富生命力的儒學思想體系，進而創造出漢代經學的輝煌時代。

晚清時期，「董氏學」的復興，也體現了對其他學派「融彙」的特點。晚清學術呈現多元化的格局，考據學雖然不復乾嘉時期的繁盛，但在學術界的地位和影響仍然不可小視；宋學歷來爲統治者所提倡，自嘉道以來也出現了復興的趨勢，並不斷與漢學實現「融合」和「兼采」。因此，晚清學術界，在儒學內部基本形成了漢學、宋學、今文經學鼎立之勢。首先，今文經學興起的學術背景之一，就是漢宋之學的融合。今文經的興起，與嘉道之時漢宋學的「相爭」與「融合」恰逢同時。從學術上看，「董氏學」的復興也是對儒學中漢學精於考據而疏於義理，宋學長於「性理之學」而短於「致用之學」的一種補救和矯正。今文經吸收了不少漢學、宋學的思想內涵和學術方法。例

〔註4〕康有爲：《春秋董氏學》，《康有爲全集》第二集，第371頁下注釋。

〔註5〕董仲舒：《春秋繁露·祭義》，《董仲舒集》，北京：學苑出版社，2003年，第354頁。

如，常州學派對於今文經學的研究，都在一定程度上受到考據學的影響。除了康有爲的《春秋董氏學》外，淩曙、俞樾、孫詒讓、蘇輿、劉師培等人的《春秋繁露》注釋中，也多引用諸子言論來作爲注釋的依據。常州學派和康有爲也注重對於「宋學」的吸納，如他們對於「四書」之一的《論語》給予了特別的關注，大多都有注釋和解說《論語》，並將其中的內容與「董氏學」相結合的現象。尤其注重以「性理」之學來解釋和補充「董氏學」的有關命題和內容，這在康有爲的《春秋董氏學》、《論語注》及早期講學內容中均有明顯體現。至於西學，康有爲著《春秋董氏學》，其編纂方法受到西方歐幾里得幾何學的啓發和影響，其他的經學著作中也有明顯受到西學影響之處。

此外，比較漢代董仲舒思想和晚清學者「董氏學」的研究，也可以看出不少共同點來，他們通過對公羊學中一些共同的基本概念和基本問題的解釋與回答，例如「張三世」、「通三統」、「孔子改制」、「夷夏之辨」、「義利之辨」等問題，來表達自己的政治主張和學術觀點。正是這種對於共同概念的解說，延續了「董氏學」發展的學術脈絡，也構成了今文經學復興的學術理路。只不過，由於時代背景的巨大差異，這些「議題」的內涵和外延都發生了很大改變。而相關歷史人物的形象，也由於不同學者出於各自政治立場和學術背景的詮釋，而表現出不同的形象和特徵。

主要參考文獻

一、歷史文獻

1. 姜義華等主編：《康有爲全集》第 1～12 卷，北京：中國人民大學出版社，2007 年版。
2. 蔣貴麟編：《康南海先生遺著彙刊》，臺北：宏業書局，1987 年 6 月再版。
3. 湯志鈞編：《康有爲政論集》，中華書局，1981 年版。
4. 康有爲：《春秋董氏學》，中華書局，1990 年版。
5. 蘇輿：《春秋繁露義證》，中華書局，1992 年版。
6. 《十三經注疏》，北京大學出版社 1999 年版。
7. 袁長江主編：《董仲舒集》，北京：學苑出版社 2003 年版。
8. 司馬遷：《史記》，北京：中華書局，1982 年版。
9. 班固：《漢書》，北京：中華書局，1962 年版。
10. 范曄：《後漢書》，北京：中華書局，1979 年版。
11. 《春秋公羊傳注疏》，北京大學，1999 年版。
12. 董仲舒：《春秋繁露》，北京：中華書局，1991 年版。
13. 阮元：《清經解》，上海書店，1988 年版。
14. 王先謙：《清經解續編》，上海書店 1988 年版。
15. 劉逢祿：《劉禮部集》，延暉承慶堂清光緒 18 年刻本。
16. 陳立：《公羊義疏，》商務印書館（上海）1936 年版。
17. 淩曙：《春秋答問、春秋公羊禮疏》，北京：中華書局，1985 年版。
18. 淩曙：《春秋繁露注釋》，北京：中華書局，1975 年版。
19. 紀昀主編：《四庫全書總目提要》，北京：中華書局，1965 年版。

20. 王鍾翰點校：《清史列傳》，中華書局，1987 年版。

21. 龔自珍：《龔自珍全集》，上海古籍出版社，1999 年版。

22. 魏源：《魏源集》，中華書局，1976 年版。

23. 孫詒讓：《孫詒讓遺文輯存》，浙江人民出版社，1990 年版。

24. 俞樾：《春在堂全書》，光緒二十八年刻本。

25. 王先謙：《葵園四種》嶽麓書社，1986 年版。

26. 葉德輝：《郋園論學書箚》1935 年《郋園全書》刊本。

26.《章太炎全集》，上海人民出版社，1984～1986 年出版。

27. 劉師培：《劉申叔先生遺書》，1936 年寧武南氏刻本。

28. 梁啓超：《飲冰室合集》，北京：中華書局，1989 年版。

29. 皮錫瑞：《經學歷史》，中華書局 1959 年版。

30. 皮錫瑞：《經學通論》，中華書局 1954 年版。

31. 皮錫瑞：《師伏堂春秋講義》宣統元年鴻飛印刷局刊本。

32.《廖平學術論著選集》（一），巴蜀書社，1989 年版。

33. 苑書義主編：《張之洞全集》，河北人民出版社，1998 年版。

34.《錢玄同文集》，中國人民大學出版社，1998 年版。

35. 顧頡剛等編：《古史辨》第一冊至第七冊，上海古籍出版社，1982 年版。

36. 蘇輿編：《翼教叢編》，中國書店出版社，2002 年版。

37. 中國史學會主編：《中國近代史資料叢刊·戊戌變法》，上海人民出版社，1957 年版。

二、研究專著

1. 周予同：《周予同經學史論著選集》，上海：上海人民出版社，1996 年版。

2. 支偉成：《清代樸學大師列傳》，長沙：嶽麓書社 1986 年版。

3. 錢穆：《中國近三百年學術史》，北京：中華書局，1986 年版。

4. 侯外廬等著：《中國思想通史》，北京：人民出版社 1957～1980 年版。

5. 湯志鈞：《近代經學與政治》，北京：中華書局，1989 年版。

6. 許道勳：《中國經學史》，上海：上海人民出版社，2006 年版。

7. 龔書鐸：《中國近代文化概論》，北京：中華書局，1997 年版。

8. 龔書鐸主編：《清代理學史》，廣州：廣東教育出版社 2007 年版。

9. 余英時：《中國思想傳統的現代詮釋》，南京：江蘇人民出版社，1989 年版。

10. 艾爾曼（Benjamin A.Elman）：《經學、政治和宗族——中華帝國晚期常州今文經學派研究》。

11. 趙剛譯，南京：江蘇人民出版社，1998 年版。

12. 馮天瑜、皇長義：《晚清經世實學》，上海：上海社會科學院出版社，2002年版。

13. 李瑚：《魏源研究》，北京：朝華出版社，2002 年版。

14. 鄭師渠：《晚清國粹派——文化思想研究》，北京：北京師範大學出版社，1993 年版。

15. 張昭軍：《傳統的張力——儒學思想與近代文化變革》，長春：吉林人民出版社，2004 年版。

16. 陳其泰：《清代公羊學》，東方出版社，1997 年版。

17. 周桂鈿：《董學探微》，北京：北京師範大學出版社，1989 年版。

18. 王俊義：《清代學術探研錄》，北京：中國社會科學出版社 2002 年版。

19. 朱維錚：《求索真文明——晚清學術史論》，上海：上海古籍出版社，1996 年版。

20. 朱維錚：《中國經學史十講》，上海：復旦大學出版社 2002 年版。

21. 熊月之：《西學東漸與晚清社會》，上海：上海人民出版社 1994 年版。

22. 王汎森：《中國近代思想與學術系譜》，石家莊：河北教育出版社，2001 年版。

23. 桑兵：《晚清民國時期的國學研究》，上海：上海古籍出版社，2001 年版。

24. 羅志田：《權勢轉移：近代中國的思想、社會與學術》，武漢：湖北人民出版社，1999 年版。

25. 李澤厚：《中國近代思想史論》，北京：人民出版社 1979 年版。

26. 房德鄰：《儒學的危機與嬗變——康有爲與近代儒學》，臺北：臺灣文津出版社，1992 年版。

27. 楊念群：《儒學地域化的近代形態——三大知識群體互動的比較研究》，北京：三聯書店，1997 年版。

28. 羅檢秋：《近代諸子學與文化思潮》，北京：中國社會科學出版社，1998 年版。

29. 羅檢秋：《嘉慶以來漢學傳統的衍變與傳承》，北京：中國人民大學出版社，2006 年版。

30. 張壽安：《以禮代理——凌廷堪與清中葉儒學思想之轉變》，石家莊：河北教育出版社，2001 年版。

31. 李帆：《章太炎、劉師培、梁啓超清學史著述之研究》，北京：商務印書館，2006 年版。

32. 李帆：《劉師培與中西學術：以其中西交融之學和學術史研究爲核心》，北京：北京師範大學出版社，2003 年版。

33. 葛兆光：《七世紀至十九世紀中國的知識、思想與信仰》（《中國思想史》第二卷），上海：復旦大學出版社，2000 年版。

34. 丁亞傑：《清末民初公羊學研究——皮錫瑞、廖平、康有爲》，臺北：萬卷樓圖書公司，2002 年版。

35. 汪榮祖：《康章合論》，新星出版社，2006 年版。

36. 易新鼎：《梁啓超和中國學術思想史》，中州古籍出版社，1992 年版。

37. 蔣廣學：《梁啓超和中國古代學術的終結》，江蘇教育出版社，1998 年版。

38. 曹聚仁：《中國學術思想史隨筆》，三聯書店，1986 年版。

39. 路新生：《中國近三百年疑古思潮》，上海人民出版社，2001 年版。

40. 王先明：《近代新學——中國傳統學術文化的嬗變與重構》，商務印書館，1999 年版。

41. 李雙碧：《從經世到啓蒙——近代變革思想的歷史考察》，中國展望出版社，1992 年版。

42. 張豈之：《儒學 理學 實學 新學》陝西人民出版社，1994 年版。

43. 張舜徽：《清儒學記》，華中師範大學出版社，2005 年版。

44. 蕭公權著，汪榮祖譯：《康有爲思想研究》，新星出版社，2005 年版。

45. 董士偉：《康有爲評傳》，百花洲文藝出版社，1994 年版。

46. 夏曉虹編：《追憶康有爲》，中國廣播電視出版社，1997 年版。

三、參考論文

1. 許雪濤：《〈春秋繁露〉中的「春秋學」篇章探析》《現代哲學》，2005 年第 3 期。

2. 趙伯雄：《從〈春秋繁露〉看董氏〈春秋〉學》《南開學報》，1995 年第 1 期。

3. 周光慶：《董仲舒〈春秋〉解釋方法論》《孔子研究》，2001 年第 1 期。

4. 陳其泰：《董仲舒與今文公羊學說體系的形成》《孔子研究》，1998 年第 1 期。

5. 盧鳴東：《蘇輿〈春秋繁露義證〉以禮經世述考》《湖南大學學報》（社會科學版》，2004 年第 4 期。

6. 晁岳佩：《〈春秋董氏學〉點誤八則》《古籍整理研究學刊》，1998 年第一期。

7. 丁亞傑：《〈翼教叢編〉的經典觀》《湖南大學學報》（社會科學版），2004 年第 4 期。

8. 錢益民：《回歸傳統〈春秋董氏學〉初探》《學術研究》，2002 年第 5 期。

9. 李宗桂：《康有爲〈春秋董氏學〉雜議》《中山大學學報》（社會科學版），2005 年 4 期。

10. 湯其領：《劉逢祿與春秋公羊學之復興》《徐州師範大學學報》，2001 年第 4 期。

11. 李漢武：《論魏源的經學思想及其影響》《船山學報》，1986 年第 2 期。

12. 蔡方鹿：《蒙文通對晚清〈公羊〉學及董仲舒的批判》《孔子研究》，2006 年第 5 期。

13. 房德鄰：《康有爲的疑古思想及其影響》《北京師範大學學報》（社會科學版），1994 年第 2 期。

14. 陳其泰：《晚清公羊學的發展軌跡》《歷史研究》，1996 年第 5 期。

15. 徐立望：《清中期公羊學復興與經世之檢討》《浙江學刊》，2005 年第 6 期。

16. 劉巍：《從援今文義説古文經到鑄古文經學爲史學——對章太炎早期經學思想發展軌跡的探討》《近代史研究》，2004 年第 3 期。

17. 路新生：《論龔自珍學風》《華東師範大學學報》（哲學社會科學版），1997 年第 3 期。

18. 羅檢秋：《從清代漢宋關係看今文經學的興起》《近代史研究》，2004 年第 1 期。

19. 田漢雲：《試論莊存與的〈春秋正辭〉》《清史研究》，2000 年第 1 期。

20. 郜積意：《論莊存與的〈公羊〉學》《孔子研究》，2003 年第 5 期。

21. 湯仁澤：《清代今文經學諸問題》《學術月刊》，2002 年第 2 期。

22. 唐明貴：《康有爲的古經新解與經學的近代轉型》《孔子研究》，2003 年第 6 期。

23. 楊向奎：《清末今文經學三大師對〈春秋〉經傳的議論得失》《管子學刊》，1997 年第 2 期。

24. 吳義雄：《清代中葉今文經學派學術思想論略》《中山大學學報》，1993 年第 2 期。

25. 除金川：《試析康有爲的「託古改制」》《廣東社會科學》，1992 年第 1 期。

26. 孫向中：《維新變法中康有爲的創教努力及其影響》《史學月刊》，2002 年第 10 期。

27. 陳鵬鳴：《魏源與今文經學》《歷史教學》，1998 年第 10 期。

28. 湯志鈞：《再論康有爲與今文經學》《歷史研究》，2000 年第 6 期。

29. 朱維錚：《重評〈新學僞經考〉》，復旦學報（社會科學版），1992 年第 2 期。

30. 張勇：《也談〈新學僞經考〉的影響——兼及戊戌時期的「學術之爭」》《近代史研究》，1999 年第 3 期。

31. 陳鵬鳴：《康有爲與近代學風的轉變》《中國文化研究》，1998 年秋之卷（總第 21 期）。

31. 劉巍：《康有爲、章太炎與晚清經今古文之爭》《中國社會科學院近代史研究所青年學術論壇 2005 年卷》，社科文獻出版社，2006 年版。

後 記

　　本書是作者於 2006 年至 2009 年在北京師範大學大學歷史學院，師從李帆教授攻讀博士學位期間，撰寫的博士學位論文整理而成。在攻讀博士期間，李帆教授在論文選題、開題、撰寫、修改和準備答辯等諸多方面，給予了悉心指導和關注，本研究成果的取得離不開李老師的辛勤汗水與良多付出。同時，李老師嚴謹治學、勤於篤行、寬以待人的人格，也讓我終身受益。在論文即將出版之際，再次對李帆教授致以最真摯的敬意和感謝！同時，在論文答辯過程中，北京師範大學歷史學院龔書鐸教授、王開璽教授、孫燕京教授，北京大學房德鄰教授、中國社會科學院近代史所羅檢秋研究員，對論文提出了寶貴的修改意見，對論文的進一步充實和完善幫助頗多，對上述各位老師表示衷心感謝。在攻讀博士期間，北京師範大學歷史學院的其他各位老師、2006 級中國近現代史專業的諸位同學以及我所在單位瀋陽航空航天大學人文社科部的領導與同事，在我讀博士期間給予了很多支持與幫助，在此也深表謝意。

曲洪波

2014 年 9 月 9 日於瀋陽航空航天大學